職安衛即戰力

— 職業安全衛生管理 —

勞工健康保護

四大計畫製作實務

作者簡歷

■作者　**蕭中剛**

職安衛總複習班名師，人稱蕭技師為蕭大或方丈，是知名職業安全衛生 FB 社團「Hsiao 的工安部屋家族」版主、Hsiao 的工安部屋部落格版主。多年來整理及分享的考古題和考試技巧幫助無數考生通過職安考試。

【學　　歷】健行科技大學工業工程與管理系

【專業證照】工業安全技師、工礦衛生技師、通過多次甲級職業安全管理、甲級職業衛生管理、乙級職業安全衛生管理技能檢定考試、職業安全衛生科目 - 地特三等、四等、公務普考、公務高考考試及格。

■作者　**吳佳穎**

曾從事光電業、工程技術服務業、醫學中心及勞動檢查機構檢查員等工作逾 13 年，具有產業界職業安全衛生稽核、環安衛專案管理及勞動檢查實務經驗。

【學　　歷】國立成功大學環境醫學研究所碩士

【專業證照】工業安全技師、甲級勞工衛生管理、甲級勞工安全管理、OHSAS 18001 主導稽核員、ISO14001 主導稽核員、ISO9001 主導稽核員、職業安全衛生科目 - 地特四等、公務高考三等考試及格。

■ 作者　薛竹惠

於電子科技業、傳統產業從事職場健康及安全衛生等業務逾 20 年，曾獲邀擔任多家事業單位職業安全衛生訓練講師。

【學　　歷】私立中華醫事技術專科學校護理科

【專業證照】職業衛生技師、工業安全技師、勞工作業環
　　　　　　境監測及暴露評估合格人員、甲級勞工安全
　　　　　　管理、乙級勞工安全衛生管理、護理師、ISO 45001 主導稽核員、
　　　　　　ISO 14064 主導查證員、ISO 14067 主導查證員。

■ 作者　林佩洵

耀維職業健康顧問有限公司執行長，於傳統產業、社團法人等從事職場健康及安全衛生等業務近 10 年，具有產業界職業健康輔導實務經驗，曾獲邀擔任勞工健康輔導實務分享講者及事業單位職業安全衛生訓練講師。

【學　　歷】私立中國醫藥大學護理學系學士

【專業證照】甲級職業衛生管理、乙級勞工安全衛生管理、護理師、ISO 45001
　　　　　　主導稽核員。

序

近年來經濟全球化，企業為追求國際競爭力，紛紛發展新科技，造成勞工新形態的職業疾病風險也逐漸提升，因此國際組織紛紛就工作者身心健康等議題展開具體行動，並有實質進展。例如：西元 1985 年國際勞工組織陸續發布職業健康服務公約、1992 年歐盟公布妊娠、分娩後及哺乳勞工指令、2000 年國際勞工組織修正母性保護公約、2006 年職業安全衛生架構等公約、2008 年至 2017 年世界衛生組織（WHO）推動全球工作者健康行動計畫，且為加強母性健康保護及消除對婦女一切形式之歧視，並兼顧女性勞工母性保護與就業平權之原則，女性勞工的勞動參與率，也已成為國家經濟發展之重要指標。

盱衡國內勞動環境及國際職業安全衛生發展趨勢，勞動部參採國際勞工組織通過各項公約、指引及先進國家職業安全衛生立法經驗，擴大本國勞工安全衛生法適用範圍並於民國 102 年將前法修正為職業安全衛生法，於是，職安界人人號稱的四大計畫（即勞工健康保護四大計畫）：「人因性危害預防計畫」、「異常工作負荷促發疾病預防計畫」、「執行職務遭受不法侵害預防計畫」、「母性健康保護計畫」就此誕生。

因應職業安全衛生法修訂及施行，自民國 103 年 7 月 3 日起，針對此勞工健康保護四大計畫，勞動部要求 100 人以上事業單位須訂定計畫並執行，100 人以下事業單位需有執行紀錄，故幾乎所有大中小企業皆無法避免接觸此職安衛界傳說中令人聞之喪膽的四大計畫。雖然勞動部已公告前揭計畫之撰寫指引，但因內容文字、表單複雜，無法與職場現實情況作連結，造成大家仍無法於短時間內聚焦，使得許多職安衛小白仍視撰寫四大計畫書為畏途，甚至職安衛老手亦無法在有勞動部參考指引之下信手捻來製作出一份符合自家公司情形的計畫書，導致四大計畫最後僅是流於形式，變成供奉在公司櫃架上或電腦裡的裝飾品。

本書係簡單拆解四大計畫的內容架構，以去蕪存菁、言簡意賅的方式，手把手條列式地教導讀者如何短時間內撰寫出有邏輯且有架構之計畫書內容，使無工作經驗之職安衛小白也能輕鬆上手。

書中除解說四大計畫之法源依據、條文內容，並示範情境範例所應採取之措施及所對應的表單如何使用，另外也附上勞動部提供之四大計畫執行的流程圖及外部單位等資源資料，省去讀者需要耗費大量時間於不同平台收集資料但卻不確定資料是否完整，文末也將提供最新版之計畫指引連結，讓讀者能得到最新的資訊，並且對於四大計畫的撰寫有更完整的認識。

傳統的企業在擴張成長階段，從以前的追求生存、獲利，隨著企業規模不斷成長，世界經濟發展模式的改變，企業必須要開始認知打造一個健康職場及提供勞工健康的人權保障才是企業永續發展的關鍵，而民國 110 年勞動部職安署為回應及接軌聯合國 西元 2030 年永續發展目標（Sustainable Development Goals, SDGs），已研擬民國 110 年版「GRI 403 職業健康與安全準則揭露實務建議指南」，引導並鼓勵企業依前揭準則建議揭露永續發展報告，以領先指標佐證其職業健康與安全管理績效，並於民國 112 年 1 月 1 日正式施行！

以人為本的工作環境是企業永續經營的根基，尤其在這個變動的後疫情時代，未來企業更將重視擁有規劃、評估及改善職場安全、健康能力的人才，所以一技在手，受用無窮，就讓我們以這本書帶你成為未來產業不可取代的人才。

雖然撰寫過程，作者群皆兢兢業業不敢大意，但疏漏難免，若本書之中尚有錯誤或不完整之處，尚祈讀者先進多多包涵並不吝提供指正或建議予出版社或作者群，在此致上十二萬分的感謝！

蔣少剛　　林佩伶　　吳佳穎　　薛竹惠

※ 範例表單下載說明：
本書範例表單請至 http://books.gotop.com.tw/download/ACR011900 下載，檔案為 ZIP 格式，請讀者下載後自行解壓縮即可。其內容僅供合法持有本書的讀者使用，未經授權不得抄襲、轉載或任意散佈。

目錄

導論

職業安全衛生法開宗明義，為防止職業災害，保障工作者安全及健康，勞動部職安署參考國內外研究、數據、趨勢等修訂職業安全衛生法及相關法規防止**工作者因勞動場所之原物料、機具、環境等或作業活動**及其他**職業上原因**引起之工作者**疾病、傷害、失能或死亡**。按勞動基準法（下稱勞基法）所謂職業災害，應以該災害係勞工本於勞動契約，在雇主支配下就勞動過程中發生（即具有**業務遂行性**），且該災害與勞工所擔任之業務間存在相當因果關係（即具有**業務起因性**），亦即勞工因就業場所或作業活動及職業上原因所造成之傷害，以雇主可得控制之危害始有適用。事業單位資源有限的條件下，可參考圖 1 職業病診斷五大標準，為預防相關職業疾病可分別確認勞動場所中工作因素、確認有關目標疾病、及相關致病機轉等參考選擇作為保護措施之依據。

▲ 圖 1 職業病診斷五大標準

職業災害除了直接暴露能量、有害物、不安全狀態、不安全行為和管理上缺失引起外，處於特殊狀態如孕期、產後 1 年內、未成年或中高齡、傷病中或傷病後復工等階段，常因生理或心理變化而較容易發生職業災害。

其中全世界人口老年化，根據世界衛生組織定義，65 歲以上老年人口占總人口比率達到 7％時稱為「高齡化社會」，達到 14％是「高齡社會」，若達 20％則稱為「超高齡社會」，至 107 年 3 月，我國 65 歲以上老年人口占總人口比率達 14.05％，正式邁入高齡社會，111 年度報告（表 1 國發會 111 年人口推估）較上次報告相比，生育率持續下降，老化程度增加，我國維持 114 年進入「超高齡社會」，將於 117 年「人口紅利」消失，也就是工作年齡人口占總人口比率將低於三分之二。幼年與老年等依賴人口則提前於 149 年超過工作年齡人口，扶養比逾 100，較前次推估提前四年，更彰顯保護勞動力是刻不容緩的事。

▼ 表1 國家發展委員會111年人口推估

時間	重要時程	和 109 年推估的時間比較
114 年	65 歲以上老年人口占比超過 20%，進入超高齡社會	相同
116 年	18 歲（大學入學年齡）人口首次低於 20 萬人	相同
117 年	15~64 歲工作年齡人口占比開始低於三分之二，結束人口紅利時期	相同
128 年	65 歲以上老年人口占比超過 30%	提前 1 年
133 年	每 3 人就有 1 名 65 歲以上高齡者	提前 1 年
143 年	出生數開始低於 10 萬人	相同
149 年	依賴人口（幼年加老年）超過工作年齡人口	提前 4 年

註：幼年指 0-14 歲，老年指 65 歲以上，工作年齡人口指 15-64 歲
資料來源：國發會

依勞工保險局（下稱勞保局）統計數據勞工保險職業病現金給付人次 - 按職業病成因及行業別分（111 年度），下表 2 至表 4，可知新興職業疾病風險存在與實際發生人次較其他因素高，工作者身心健康保護等議題應展開具體行動。

❖ 常見名詞與簡稱

● 勞動部職業安全衛生署（以下稱職安署）。

● 衛生福利部國民健康署（下稱衛福部國健署）。

● 國家發展委員會（下稱國發會）。

● 行政院勞動部勞工保險局（下稱勞保局）。

● 勞動部勞動及職業安全衛生研究所（下稱勞動部勞研所）。

● 臺灣大學公共衛生學院健康政策與管理研究所（下稱臺大健康政策與管理研究所）。

- 職業安全衛生法（下稱職安法）。

- 職業安全衛生人員（下稱職安人員）。

- 從事勞工健康服務之護理人員、勞工健康服務護理人員（下稱職護）。

- 從事勞工健康服務之相關人員、勞工健康服務相關人員（下稱勞健服務相關人員）。

- 從事勞工健康服務之醫師、勞工健康服務醫師（下稱勞健服務醫師）。

- 職業醫學科專科醫師（下稱職醫）。

- 人才招募單位、人力資源單位（下稱人資）。

- 社會環境因子引起之心理危害（下稱社會心理危害）。

- 北歐肌肉骨骼症狀調查表（Nordic Musculoskeletal Questionnaire, NMQ）（下稱 NMQ）。

- 執行職務因他人行為遭受身體或精神不法侵害（下稱職場不法侵害）。

▼ 表2 勞工保險職業病現金給付人次-按職業病成因及行業別分（111年度）- 傷病比率

勞工保險職業病現金給付人次 - 按職業病成因及行業別分

傷病

職業病成因／行業別	總計	眼睛疾病	游離輻射	異常氣壓	異常溫度	噪音引起之聽力損失	職業性下背痛	振動引起之疾病	手臂肩頸疾病	鈹症	鉛及其化合物	其他重金屬及其化合物	有機溶劑或化學物質氣體	生物性危害	職業性氣喘、過敏性肺炎	礦工塵肺症及其併發症	矽肺症及其併發症	石綿肺症及其併發症	職業性皮膚病	職業相關癌症	其他可歸因於職業因素者	腦心血管疾病	精神疾病
總計	100%	1%	0%	0%	1%	0%	17%	1%	67%	0%	0%	0%	0%	1%	0%	1%	0%	1%	2%	0%	3%	4%	1%
農、林、漁、牧業	2%	0%	0%	0%	10%	0%	10%	0%	70%	0%	0%	0%	0%	0%	0%	0%	0%	0%	10%	0%	0%	0%	0%
礦業及土石採取業	0%	0%	0%	0%	0%	0%	0%	0%	0%	0%	0%	0%	0%	0%	0%	0%	0%	0%	0%	0%	0%	0%	0%
製造業	22%	1%	0%	0%	0%	0%	16%	1%	70%	0%	0%	0%	0%	1%	0%	2%	0%	0%	2%	2%	3%	3%	1%
電力及燃氣供應業	0%	0%	0%	0%	0%	0%	0%	0%	100%	0%	0%	0%	0%	0%	0%	0%	0%	0%	0%	0%	0%	0%	0%
用水供應及污染整治業	0%	0%	0%	0%	0%	0%	0%	0%	100%	0%	0%	0%	0%	0%	0%	0%	0%	0%	0%	0%	0%	0%	0%
營建工程業	23%	0%	0%	0%	3%	0%	26%	2%	55%	0%	0%	0%	0%	0%	0%	3%	1%	3%	0%	0%	6%	1%	0%
批發及零售業	12%	2%	0%	0%	2%	0%	23%	0%	66%	0%	0%	0%	0%	0%	2%	0%	0%	0%	0%	0%	0%	3%	3%
運輸及倉儲業	5%	4%	0%	0%	0%	0%	35%	12%	35%	0%	0%	0%	0%	0%	0%	0%	0%	0%	4%	0%	0%	12%	0%
住宿及餐飲業	10%	0%	0%	0%	0%	0%	4%	0%	94%	0%	0%	0%	0%	0%	0%	0%	0%	0%	0%	0%	0%	2%	0%
出版影音及資通訊業	0%	0%	0%	0%	0%	0%	0%	0%	100%	0%	0%	0%	0%	0%	0%	0%	0%	0%	0%	0%	0%	0%	0%
金融及保險業	0%	0%	0%	0%	0%	0%	0%	0%	100%	0%	0%	0%	0%	0%	0%	0%	0%	0%	0%	0%	0%	0%	0%
不動產業	0%	0%	0%	0%	0%	0%	0%	0%	100%	0%	0%	0%	0%	0%	0%	0%	0%	0%	0%	0%	0%	0%	0%
專業、科學及技術服務業	2%	0%	0%	0%	0%	0%	38%	0%	50%	0%	0%	0%	0%	0%	0%	0%	0%	0%	0%	0%	13%	0%	0%
支援服務業	4%	0%	0%	0%	0%	0%	0%	0%	55%	0%	0%	0%	0%	0%	0%	0%	0%	0%	5%	0%	0%	40%	0%
公共行政及國防；強制性社會安全	0%	0%	0%	0%	0%	0%	0%	0%	0%	0%	0%	0%	0%	0%	0%	0%	0%	0%	0%	0%	0%	0%	100%
教育業	1%	0%	0%	0%	0%	0%	0%	0%	100%	0%	0%	0%	0%	0%	0%	0%	0%	0%	0%	0%	0%	0%	0%
醫療保健及社會工作服務業	8%	0%	0%	0%	0%	0%	13%	0%	48%	0%	0%	0%	0%	10%	0%	0%	0%	0%	13%	0%	5%	5%	8%
藝術、娛樂及休閒服務業	0%	0%	0%	0%	0%	0%	0%	0%	100%	0%	0%	0%	0%	0%	0%	0%	0%	0%	0%	0%	0%	0%	0%
其他服務業	11%	0%	0%	0%	0%	0%	7%	0%	85%	0%	0%	0%	0%	2%	0%	0%	0%	0%	2%	0%	3%	2%	0%

▶ 表3 勞工保險職業病現金給付人次-按職業病成因及行業別分（111年度）-失能比率

勞工保險職業病現金給付人次 - 按職業病成因及行業分

失能

行業別＼職業病成因	總計	眼睛疾病	游離輻射	異常氣壓	異常溫度	噪音引起之聽力損失	職業性下背痛	振動引起之疾病	手臂肩頸疾病	缺氧症	鉛及其化合物	其他重金屬及其化合物	有機溶劑或化學物質氣體	生物性危害	職業性氣喘、過敏性肺炎	礦工塵肺症及其併發症	矽肺症及其併發症	石綿肺症及其併發症	職業性皮膚病	職業相關癌症	其他可歸因於職業因素者	腦心血管疾病	精神疾病
總計	100%	0%	0%	0%	0%	1%	5%	0%	10%	0%	0%	1%	1%	0%	1%	43%	0%	11%	0%	6%	1%	15%	4%
農、林、漁、牧業	1%	0%	0%	0%	0%	0%	0%	0%	0%	0%	0%	0%	0%	0%	0%	100%	0%	0%	0%	0%	0%	0%	0%
礦業及土石採取業	0%	0%	0%	0%	0%	0%	0%	0%	0%	0%	0%	0%	0%	0%	0%	0%	0%	0%	0%	0%	0%	0%	0%
製造業	43%	0%	0%	0%	0%	0%	3%	0%	9%	0%	0%	0%	3%	0%	3%	59%	0%	9%	0%	3%	3%	6%	3%
電力及燃氣供應業	0%	0%	0%	0%	0%	0%	0%	0%	0%	0%	0%	0%	0%	0%	0%	0%	0%	0%	0%	0%	0%	0%	0%
用水供應及污染整治業	1%	0%	0%	0%	0%	0%	0%	0%	0%	0%	0%	0%	0%	0%	0%	0%	0%	0%	0%	100%	0%	0%	0%
營建工程業	16%	0%	0%	0%	0%	0%	8%	0%	8%	0%	0%	0%	0%	0%	0%	54%	0%	15%	0%	8%	0%	8%	0%
批發及零售業	10%	0%	0%	0%	0%	13%	0%	0%	13%	0%	0%	0%	0%	0%	0%	25%	0%	25%	0%	13%	0%	13%	0%
運輸及倉儲業	8%	0%	0%	0%	0%	0%	33%	0%	17%	0%	0%	0%	0%	0%	0%	17%	0%	0%	0%	0%	0%	33%	0%
住宿及餐飲業	1%	0%	0%	0%	0%	0%	0%	0%	100%	0%	0%	0%	0%	0%	0%	0%	0%	0%	0%	0%	0%	0%	0%
出版影音及資通訊業	0%	0%	0%	0%	0%	0%	0%	0%	0%	0%	0%	0%	0%	0%	0%	0%	0%	0%	0%	0%	0%	0%	0%
金融及保險業	0%	0%	0%	0%	0%	0%	0%	0%	0%	0%	0%	0%	0%	0%	0%	0%	0%	0%	0%	0%	0%	0%	0%
不動產業	1%	0%	0%	0%	0%	0%	0%	0%	0%	0%	0%	0%	0%	0%	0%	0%	0%	0%	0%	0%	0%	100%	0%
專業、科學及技術服務業	3%	0%	0%	0%	0%	0%	0%	0%	0%	0%	0%	0%	0%	0%	0%	100%	0%	0%	0%	0%	0%	0%	0%
支援服務業	6%	0%	0%	0%	0%	0%	0%	0%	0%	0%	0%	20%	0%	0%	0%	100%	0%	0%	0%	20%	0%	60%	0%
公共行政及國防；強制性社會安全	1%	0%	0%	0%	0%	0%	0%	0%	0%	0%	0%	0%	0%	0%	0%	0%	0%	100%	0%	0%	0%	0%	0%
教育業	0%	0%	0%	0%	0%	0%	0%	0%	0%	0%	0%	0%	0%	0%	0%	0%	0%	0%	0%	0%	0%	0%	0%
醫療保健及社會工作服務業	3%	0%	0%	0%	0%	0%	0%	0%	0%	0%	0%	0%	0%	0%	0%	0%	0%	0%	0%	0%	0%	50%	50%
藝術、娛樂及休閒服務業	0%	0%	0%	0%	0%	0%	0%	0%	0%	0%	0%	0%	0%	0%	0%	0%	0%	0%	0%	0%	0%	0%	0%
其他服務業	6%	0%	0%	0%	0%	0%	0%	0%	20%	0%	0%	0%	0%	0%	0%	20%	0%	20%	0%	0%	0%	20%	20%

▼ 表4 勞工保險職業病現金給付人次-按職業病成因及行業別分（111年度）- 死亡比率

勞工保險職業病現金給付人次 - 按職業病成因及行業分

死亡

行業別 ＼ 職業病成因	總計	眼睛疾病	游離輻射	異常氣壓	異常溫度	噪音引起之聽力損失	職業性下背痛	振動引起之疾病	手臂肩頸疾病	缺氧症	鉛及其化合物	其他重金屬及其化合物	有機溶劑或化學物質氣體	生物性危害	職業性氣喘、過敏性肺炎	礦工塵肺症及其併發症	矽肺症及其併發症	石綿肺症及其併發症	職業性皮膚炎	職業相關癌症	其他可歸因於職業原因素者	腦心血管疾病	精神疾病
總計	100%	0%	0%	0%	6%	0%	0%	0%	0%	0%	0%	0%	0%	0%	0%	6%	0%	0%	0%	0%	6%	82%	0%
農、林、漁、牧業	12%	0%	0%	0%	0%	0%	0%	0%	0%	0%	0%	0%	0%	0%	0%	0%	0%	0%	0%	0%	50%	50%	0%
礦業及土石採取業	0%	0%	0%	0%	0%	0%	0%	0%	0%	0%	0%	0%	0%	0%	0%	0%	0%	0%	0%	0%	0%	0%	0%
製造業	24%	0%	0%	0%	0%	0%	0%	0%	0%	0%	0%	0%	0%	0%	0%	25%	0%	0%	0%	0%	0%	75%	0%
電力及燃氣供應業	0%	0%	0%	0%	0%	0%	0%	0%	0%	0%	0%	0%	0%	0%	0%	0%	0%	0%	0%	0%	0%	0%	0%
用水供應及污染整治業	0%	0%	0%	0%	0%	0%	0%	0%	0%	0%	0%	0%	0%	0%	0%	0%	0%	0%	0%	0%	0%	0%	0%
營造工程業	12%	0%	0%	0%	0%	0%	0%	0%	0%	0%	0%	0%	0%	0%	0%	0%	0%	0%	0%	0%	0%	100%	0%
批發及零售業	0%	0%	0%	0%	0%	0%	0%	0%	0%	0%	0%	0%	0%	0%	0%	0%	0%	0%	0%	0%	0%	0%	0%
運輸及倉儲業	6%	0%	0%	0%	0%	0%	0%	0%	0%	0%	0%	0%	0%	0%	0%	0%	0%	0%	0%	0%	0%	100%	0%
住宿及餐飲業	0%	0%	0%	0%	0%	0%	0%	0%	0%	0%	0%	0%	0%	0%	0%	0%	0%	0%	0%	0%	0%	0%	0%
出版影音及資通訊業	0%	0%	0%	0%	0%	0%	0%	0%	0%	0%	0%	0%	0%	0%	0%	0%	0%	0%	0%	0%	0%	0%	0%
金融及保險業	0%	0%	0%	0%	0%	0%	0%	0%	0%	0%	0%	0%	0%	0%	0%	0%	0%	0%	0%	0%	0%	0%	0%
不動產業	0%	0%	0%	0%	0%	0%	0%	0%	0%	0%	0%	0%	0%	0%	0%	0%	0%	0%	0%	0%	0%	0%	0%
專業、科學及技術服務業	0%	0%	0%	0%	0%	0%	0%	0%	0%	0%	0%	0%	0%	0%	0%	0%	0%	0%	0%	0%	0%	0%	0%
支援服務業	47%	0%	0%	0%	13%	0%	0%	0%	0%	0%	0%	0%	0%	0%	0%	0%	0%	0%	0%	0%	0%	88%	0%
公共行政及國防；強制性社會安全	0%	0%	0%	0%	0%	0%	0%	0%	0%	0%	0%	0%	0%	0%	0%	0%	0%	0%	0%	0%	0%	0%	0%
教育業	0%	0%	0%	0%	0%	0%	0%	0%	0%	0%	0%	0%	0%	0%	0%	0%	0%	0%	0%	0%	0%	0%	0%
醫療保健及社會工作服務業	0%	0%	0%	0%	0%	0%	0%	0%	0%	0%	0%	0%	0%	0%	0%	0%	0%	0%	0%	0%	0%	0%	0%
藝術、娛樂及休閒服務業	0%	0%	0%	0%	0%	0%	0%	0%	0%	0%	0%	0%	0%	0%	0%	0%	0%	0%	0%	0%	0%	0%	0%
其他服務業	0%	0%	0%	0%	0%	0%	0%	0%	0%	0%	0%	0%	0%	0%	0%	0%	0%	0%	0%	0%	0%	0%	0%

MEMO

chapter 1

人因性危害預防計畫

必須澄清，人因工程是研究工作中、生活中、休息等如何整體考慮工作效率、人的健康、安全與舒適等問題的學科，而在本章節所指的**人因危害**則強調是新興職業疾病中的**肌肉骨骼疾病**的領域。

因應臺灣預計於 114 年進入「超高齡社會」，受人口老化現象、少子化持續加劇的影響，我國核心勞動力年齡持續向後遞延，2010 年勞動力年齡集中在 25-34 歲，2020 年提升至 35-44 歲，預估 2030 年將延至 45-54 歲，預期人口減少帶來的勞動短缺壓力而促使中高齡人口參與勞動機會增加，使得該年齡層勞動力大幅成長。而參考人類發展及生理特性，人類老化過程常包含肌力下降，老化速度個別差異不僅受到生活型態因素影響，職業活動中的許多相關因素也有加速老化的作用，例如工作體力負荷大過體能都會加速老化，在勞動力結構改變與預見中高齡勞工面臨到的身體老化及健康因素導致工作能力下降的前提下，事業單位除環境設備等要注意之外，保護、甚至延緩因中高齡勞動力的體力肌力下降造成的職業災害，以延長勞工工作壽命成為雇主及國家的重要課題。

常聽到有人詢問：「人因危害預防指引到底在說什麼？」、「到底誰要負責什麼事？」、「我要做什麼？」、「指引是法規執行的說明或範例，可是看不懂有什麼關聯？」，作者特別以職安法相關條目、人因危害預防指引說明引導為基礎，增加部分立論基礎、分項說明以及實作範例供讀者參考，並輔以判例回饋，考量事業單位資源分配，引導讀者於職安衛管理上的重點、應注意事項、年度計畫安排、是否有改善必要的強度與考量等思考的方向，如果，貴公司對職安衛管理的資源分配充裕，作者先恭喜您，想要改善的範圍可以不受高風險的限制，更能優化職場、保護工作者，但常常事業單位在資源分配上需要更慎重考量。接下來，請跟作者一起進入人因危害預防的章節。

1.1 法源依據

- 職業安全衛生法第 6 條第 2 項。

- 職業安全衛生設施規則第 324-1 條。

- 勞工健康保護規則第 9 條、第 11 條。

❖《職業安全衛生法》第 6 條第 2 項

雇主對下列事項，應妥為規劃及採取必要之安全衛生措施：

一、**重複性作業等**促發肌肉骨骼疾病之預防。

（略以）

❖《職業安全衛生設施規則》第 324-1 條

雇主使勞工從事重複性之**作業**，為避免勞工因**姿勢不良、過度施力及作業頻率過高**等原因，促發肌肉骨骼疾病，應採取下列危害預防措施，作成執行**紀錄並留存 3 年**：

一、**分析**作業流程、內容及動作。

二、**確認人因性危害因子**。

三、**評估、選定**改善方法及**執行**。

四、執行**成效之評估及改善**。

五、其他有關安全衛生事項。

前項危害預防措施，事業單位勞工人數達 **100 人以上者**，雇主**應依作業特性及風險**，參照中央主管機關公告之相關指引，**訂定人因性危害預防計畫**，並據以執行；於勞工**人數未滿 100 人者，得以執行紀錄或文件代替**。

❖《勞工健康保護規則》第 9 條

雇主應使醫護人員及勞工健康服務相關人員臨場辦理下列勞工健康服務事項：

一、勞工體格（健康）檢查結果之分析與評估、健康管理及資料保存。

二、協助雇主**選配**勞工**從事適當之工作**。

三、辦理健康檢查結果異常者之追蹤管理及健康指導。

四、辦理未滿 18 歲勞工、有母性健康危害之虞之勞工、職業傷病勞工**與職業健康相關高風險勞工**之**評估**及**個案管理**。

五、職業衛生或職業健康之相關研究報告及傷害、疾病紀錄之**保存**。

六、勞工之健康教育、衛生指導、身心健康保護、健康促進等措施之**策劃及實施**。

七、**工作相關**傷病之**預防、健康諮詢與急救及緊急處置**。

八、**定期**向雇主**報告及**勞工健康服務之**建議**。

九、其他經中央主管機關指定公告者。

❖《勞工健康保護規則》第 11 條

為辦理前二條所定勞工健康服務，雇主應使醫護人員與勞工健康服務相關人員，配合職業安全衛生、人力資源管理及相關部門人員訪視現場，辦理下列事項：

一、**辨識與評估**工作場所環境、作業及組織內部**影響勞工身心健康之危害因子**，並提出改善措施之建議。

二、提出作業環境安全衛生**設施改善規劃**之建議。

三、**調查**勞工健康情形與作業之**關連性**，並**採取必要**之預防及健康促進**措施**。

四、提供**復工**勞工之**職能評估、職務再設計或調整**之諮詢及建議。

1.2 參考資料（指引、期刊、研究等）

勞保局勞工保險職業病現金給付人次 - 按職業病成因及行業別分（111 年度） 統計：現行職業傷病給付人次排序前三位為手臂肩頸疾病（67%）、職業性下背痛（17%）、腦心血管疾病（4%），綜合現行勞工保險職業病現金給付統計及人口結構預測，在在顯示肌肉骨骼危害預防的重要性。

❖ 指引

● 勞動部職業安全衛生署「人因性危害預防計畫指引」初版

● 勞動部職業安全衛生署「風險評估指引」

● 勞動部職業安全衛生署「中高齡及高齡工作者作業安全衛生指引」第二版

❖ 研究

● 電腦工作桌椅尺寸建議值，勞動部勞動及職業安全衛生研究所

● 工作適能評估指引，勞動部勞動及職業安全衛生研究所

● 李貞嫻（111），中高齡勞工職場風險因子對健康影響之探討，勞動部勞動及職業安全衛生研究所

● 李貞嫻（112），高齡工作者心理健康及肌肉骨骼傷病調查研究，勞動部勞動及職業安全衛生研究所

● 杜珮君（111），關鍵指標法適用性分析研究_（KIM），勞動部勞動及職業安全衛生研究所

● 陳信宏（111），久站及久走與下肢肌肉疲勞評估技術及改善之研究，勞動部勞動及職業安全衛生研究所

● 劉立文（107），職場中高齡勞工人因工程探討研究，勞動部勞動及職業安全衛生研究所

1.3 作業流程

依《職業安全衛生設施規則》第 324-1 條，雇主使勞工從事重複性之作業，為避免勞工因姿勢不良、過度施力及作業頻率過高等原因，促發肌肉骨骼疾病，應採取下列危害預防措施，作成執行紀錄並留存 3 年：

一、分析作業流程、內容及動作。--- **危害辨識**

二、確認人因性危害因子。--- **風險評估**

三、評估、選定改善方法及執行。--- **控制措施**

四、執行成效之評估及改善。--- **成效評估**

五、其他有關安全衛生事項。--- **相關法規要求**

危害預防措施可以圖 1 人因危害評估預防流程圖的 PDCA 架構及參考預防指引流程圖（圖 2 二階段人因工程改善流程圖）發想該步驟相關措施與其適用表單，與工作者的權利與義務轉化為依事業單位**作業特性及風險**訂定之人因性危害預防計畫，並據以執行；前述為事業單位勞工人數達 100 人以上者，**應**訂定之人因性危害預防計畫，然必須強調的是，若事業單位勞工人數未滿 100 人者，並非什麼都不做，相關管理機制必須存在，考量到事業單位人力及資源有限，只是得以執行紀錄或文件代替，並建議可透過尋求外部資源協助辦理。

其中該項執行人員作者不強調必須由哪類人員主責，職安法中賦予雇主管理的責任，而該項人因危害預防的業務由雇主指派的管理單位或對象皆可擔任，只是可以考量人因危害預防的法源及相關概念，職安法、危害辨識及風險評估、環境設備空間的工程改善及簡易改善、人員的教育訓練與健康調查和健康認知提升、管理制度等等不同面向甚至後續提到的人因檢核工具更常在工業工程、人因工程領域的風險評估工具，都可以作為安排指派為管理單位及管理人員的參考，圖 1 中的「執行人員」意指常態監督、指揮、規劃、和需要會簽等的角色，當然所有工作者都需要配合事業單位制度執行。流程中的風險評估執行人員常見為雇主指派勞工健康服務業務的負責人員，或可經由風險評估小組教育訓練後執行。

依據法規內容、指引說明、參考臺灣職業安全衛生管理系統（TOSHMS）之架構，透過系統化管理模式，依 PDCA 循環進行管理，以確保目標之達成，並能做到持續改善。

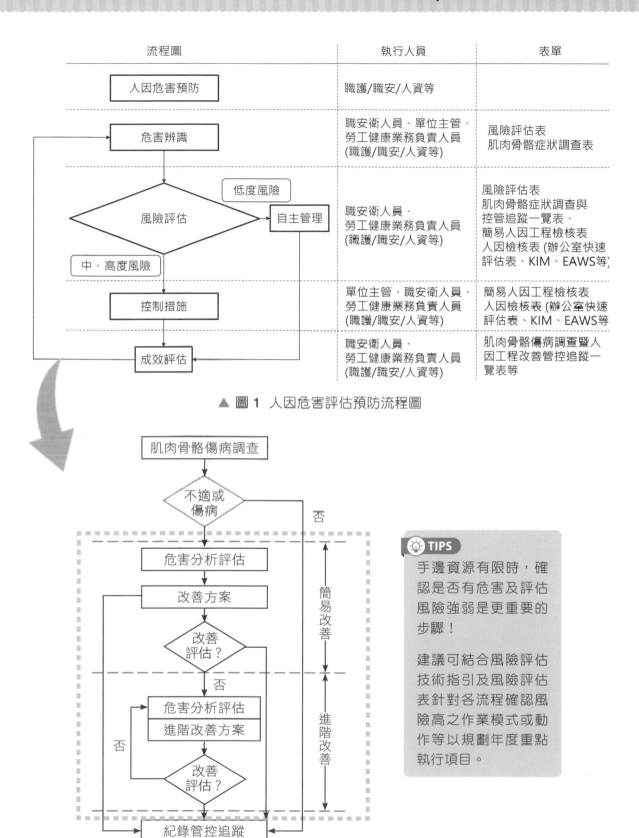

流程圖	執行人員	表單
人因危害預防	職護/職安/人資等	
危害辨識	職安衛人員、單位主管、勞工健康業務負責人員(職護/職安/人資等)	風險評估表 肌肉骨骼症狀調查表
風險評估 → 低度風險 → 自主管理	職安衛人員、勞工健康業務負責人員(職護/職安/人資等)	風險評估表 肌肉骨骼症狀調查與控管追蹤一覽表、簡易人因工程檢核表 人因檢核表(辦公室快速評估表、KIM、EAWS等)
中、高度風險 → 控制措施	單位主管、職安衛人員、勞工健康業務負責人員(職護/職安/人資等)	簡易人因工程檢核表 人因檢核表(辦公室快速評估表、KIM、EAWS等)
成效評估	職安衛人員、勞工健康業務負責人員(職護/職安/人資等)	肌肉骨骼傷病調查暨人因工程改善管控追蹤一覽表等

▲ 圖 1 人因危害評估預防流程圖

▲ 圖 2 二階段人因工程改善流程圖

TIPS

手邊資源有限時，確認是否有危害及評估風險強弱是更重要的步驟！

建議可結合風險評估技術指引及風險評估表針對各流程確認風險高之作業模式或動作等以規劃年度重點執行項目。

1.3.1 分析作業流程、內容及動作

1. 依據不同作業方式評估，分析作業流程、內容及動作，風險高者如重體力勞動作業、重複性作業等，該作業方式之風險常較辦公室作業等不同作業類別高，如重體力勞動作業勞工保護措施標準第 2 條所定作業，近代常見作業型態如：以人力搬運或揹負重量在 40 公斤以上物體之作業；以站立姿勢從事伐木作業；從事薄板壓延加工，其重量在 20 公斤以上之人力搬運作業及壓延後之人力剝離作業；以 4.5 公斤以上之鎚及動力手工具從事敲擊等作業；站立以鏟或其他器皿裝盛 5 公斤以上物體做投入與出料或類似之作業；站立以金屬棒從事熔融金屬熔液之攪拌、除渣作業；站立以壓床或氣鎚等從事 10 公斤以上物體之鍛造加工作業，且鍛造物必須以人力固定搬運者；鑄造時雙人以器皿裝盛熔液其總重量在 80 公斤以上或單人搯金屬熔液之澆鑄作業；以人力拌合混凝土之作業等。其餘再加上如天熱、潮濕、空間伸展不足等綜合因子評估。建議如若事業單位人因危害預防計畫分配資源有限、或有明確為高風險之作業方式時，可針對該高風險之作業方式及相關人員介入評估。

2. 如無明確高風險之作業方式、或計畫執行相對彈性時，可結合員工痠痛不適自主回饋、職業病案例或人因性危害預防計畫指引引用之北歐肌肉骨骼症狀調查表（Nordic Musculoskeletal Questionnaire, NMQ）等數據收集統計並分析哪些部門的相似暴露族群時常有相似的痠痛樣態，藉以找出該事業單位相對高風險之作業方式並以此作為改善順序之依據。

3. 應注意**特殊狀態**如孕期、產後 1 年內、未成年或中高齡、傷病中或傷病後復工等不同常規時的階段，或參考事業單位人口結構，依不同案例狀態進行個案管理或依不同公司狀態進行評估重點推動方向之考量。

4. 建議分析作業流程、內容及動作等相關辨識危害評估風險的過程，可以從既有之風險評估技術中展現，依不同作業、該作業步驟評估風險並延伸是否有人因危害之議題並介入管控措施。

5. 因應事業單位資源有限前提，參考第 1、2 項評估事業單位體質，依第 4 項篩選出高風險之作業流程、內容、動作進行 1.3.2 之危害因子確認。

1.3.2 確認人因性危害因子

● 針對作業流程、內容及動作之危害因子確認方式：

為確認造成勞工肌肉骨骼傷病的因子與傷病部位，評估方法主要考量項目包含：**持續時間、施力大小、工作姿勢、頻率**等。

現行法規並未規範風險評估之執行頻率，建議可依各事業單位制度及行業不同風險進行定期與不定期風險評估，

■ 定期評估，可與風險評估同時執行，建議頻率：1 次 / 一年。

■ 不定期評估：作業流程或空間**新增**時、作業流程或空間**變更**時、確認有工作者肌肉骨骼傷病發生時、**法規新增修訂等變化**時，重啟評估。

1. 為量化工作的生理負荷，肌肉骨骼危害風險評估方法或工具，依操作的複雜程度大致分為 5 個等級（圖 3 不同等級之人因危害風險評估方法），從最簡單的工作者問卷或透過簡易檢核表進行危害的確認，到運用複雜的現場量測技術或實驗室控制評估來確定風險因子與生理負荷。

其中觀察法工具因具備實用、方便、與非侵入性等特色而最常被使用，是當前實施肌肉骨骼危害風險評估的主流工具。

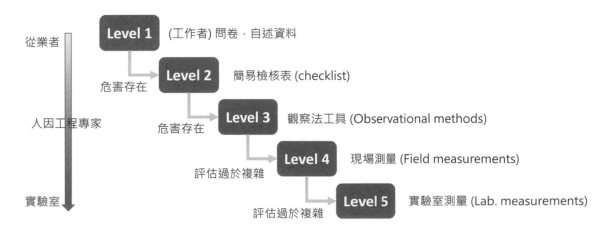

▲ 圖 3 不同等級之人因危害風險評估方法
（資料來源：關鍵指標法適用性分析研究）

常用的評估方法如下表 1：

肌肉骨骼傷病人因工程檢核表（MSD）、人因基準線風險認定檢核表（BRIEF）、OWAS 姿勢分析、人工搬運評估表（MAC）、快速上肢評估（RULA）、快速全身評估（REBA）、KIM 人工物料處理檢核表（KIM LHC）、KIM 推拉作業檢核表（KIM PP）、KIM 手工物料作業檢核表（KIM MHO）。

> **TIPS**
>
> 各人因工程檢核表評估因子（考量項目）不同，依各作業條件選用適當工具後、至現場評估時，請熟知或註記應紀錄之關鍵因子。

▼ 表1 常見肌肉骨骼傷病分析工具

分類	評估工具	評估部位	適用分級
上肢	簡易人因工程檢核表	肩、頸、手肘、腕、軀幹、腿	Ⅰ，篩選
	Strain Index	手及手腕	Ⅱ，分析
	ACGIH HAL-TLV	手	Ⅱ，分析
	OCRA Checklist	上肢，大部分手	Ⅱ，分析
	KIM-MHO（2012）	上肢	Ⅱ，分析
	OCRA Index	上肢，大部分手	Ⅲ，專家
	EAWS	肩、頸、手肘、腕、軀幹、腿	Ⅲ，專家
下背部	簡易人因工程檢核表	肩、頸、手肘、腕、軀幹、腿	Ⅰ，篩選
	KIM-LHC	背	Ⅰ，篩選
	KIM-PP	背	Ⅰ，篩選
	NIOSH Lifting eq.	背	Ⅱ，分析
	EAWS	肩、頸、手肘、腕、軀幹、腿	Ⅲ，專家
全身	RULA, REBA	肩、頸、手肘、腕、軀幹、腿	Ⅲ，專家
	OWAS	背、上臂和前臂	Ⅲ，專家
	EAWS	肩、頸、手肘、腕、軀幹、腿	Ⅲ，專家

註 Ⅰ級可謂篩選：是簡單的評估工具，不要求工作條件的詳細知識，不涉及姿勢或力的定量評量；可以由工人自己使用。Ⅱ級可謂分析：工具需要更長的時間來使用（大約一小時），並需要考慮更多的因素。Ⅲ級可謂專家：工具要複雜需多，需要更長的時間還使用，大多需要錄影分析、測量方法、與生物力學上的特定技能。

近年 KIM 關鍵指標法檢核工具有了新的發展。2006 年德國政府開始開發另外三個新的關鍵指標法，2019 年這三種新開發的 KIM 工具及原先三種工具的更新版可由德國聯邦職業安全與健康研究所（BAuA）的官方網站下載，包括：

- **全身施力（Whole-Body Force, KIM-BF）、**

- **不良的身體姿勢（Awkward Body Posture, KIM-ABP）**

- **身體運動（Body Movement, KIM-BM）**

KIM 評估工具是仍在開發更新的系統，由發展趨勢來看，新的關鍵指標法與目前歐盟汽車聯盟所使用的 EAWS（Ergonomic Assessment Work-sheet）標準評估工具的架構相似。

兩個系統皆具備不良姿勢、全身施力、人工物料處理、推拉作業、與手工物料作業的評估工具，而較特別的是目前的 KIM 系統多了身體運動評估工具。兩個系統的初步比較如表 2 所示，其中 **EAWS 可以整併 part 1-3 的風險值成為全身危害值**（Whole-Body Risk）。

> 💡 **TIPS**
> 原始的 KIM 檢核工具間評估結果無法整併，且三種 KIM 工具仍無法涵蓋大部分與肌肉骨骼危害有關的作業型態，因而發展新工具。

> 💡 **TIPS**
> 德國政府官方開發之關鍵指標法採取開放政策，僅需要具名出處並歡迎各單位無償使用。

▼ 表2　關鍵指標法&EAWS間比較

評估作業項目 / 系統	KIM	EAWS
不良姿勢	KIM-ABP	Part 1
全身施力	KIM-BF	Part 2
人工物料處理（抬舉、握持、攜行）	KIM-LHC	Part 3
推拉作業	KIM-PP	
與手工物料作業	KIM-MHO	Part 4
身體運動	KIM-BM	N.A.

其中 KIM 人工物料處理檢核表（KIM LHC）、推拉作業檢核表（KIM PP）、手工物料作業檢核表（KIM MHO），由財團法人職業災害預防及重建中心開發之單機版「人因危害風險評估工具 KIM 關鍵指標檢核系統 v2.1」，再依相關適用工具選用。

各 KIM 表間選擇以不同人因危害的主要因子**施力**作為主軸，參考圖 4 各項作業之主要評估工具選擇流程建議，考量上為：

1. 只涉及**上肢**（手、前臂、上臂）施力，即**工作施力不需透過軀幹、下肢部位**的特別協助（如改變姿勢、藉助支撐或摩擦力等）；這類主要以手部動作，**施力大小小於 3Kg**。先採用 KIM-MHO。

2. 如果工作**涉及全身性的活動**則需要判斷其施力的程度：當全身**施力小於 3Kg**，主要危害來源常為姿勢。採用 KIM-ABP。

3. 涉及全身性的活動且全身**施力超過 3Kg**，應針對作業內容及型態進行工具選擇，方法為判定工作內容是否為人工物料搬運（manual material handling），即為工作內容包含物品的抬舉（放下）、推拉、握持（支撐）、或攜帶（運）行走等。

   (1) 如無前項作業，以站姿進行高強度裝配、鎖緊大型工件、重複使用重捶 / 槓桿、手動控制破壞機械、鏟土等全身施力作業，採用 KIM-BF。

   (2) 涉及全身性的活動且全身施力超過 3Kg ，若工作內容與人工物料搬運有關，分別依抬舉、推拉、以及攜（運）行等條件考量。

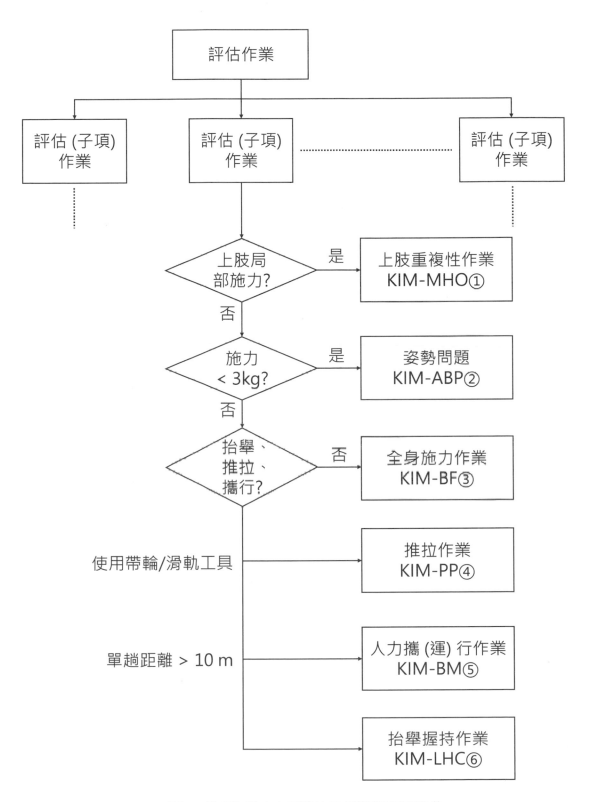

▲ 圖 4 各項作業之主要評估工具選擇流程建議
（資料來源：關鍵指標法適用性分析研究）

當使用特定的 KIM 工具進行評估時，若遇到極端的作業條件，通常建議需要額外考慮採用其他工具進行評估，如圖 5 檢視使用主要評估工具後是否需使用次項評估工具之示意。

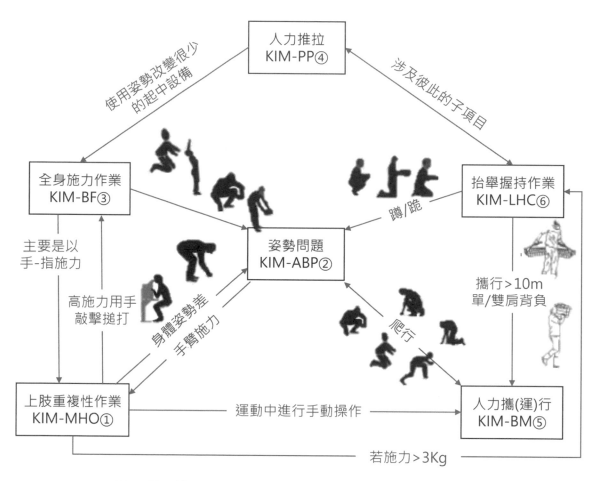

▲ 圖 5 檢視使用主要評估工具後是否需使用次項評估工具之示意
（資料來源：關鍵指標法適用性分析研究）

觀察法工具尚有辦公室快速評估表（RAPID OFFICE STRAIN ASSESSMENT，ROSA），考量辦公室作業負重常不是主因，針對辦公室作業進行不同部位之不良姿勢評估，藉以評估風險。

另外，針對簡易檢核表，是簡單的評估工具，不要求工作條件的詳細知識、不涉及姿勢或力的評量，可以由工作者自己使用，常見如簡易人因工程檢核表，如果在上述觀察法工具之選用仍有疑慮，也可以在進行危害辨識後，針對簡易人因工程檢核表描述之高風險動作進行改善。

● 針對痠痛不適等人員回饋之危害因子確認方式：

依據北歐肌肉骨骼症狀調查表（NMQ）內容，可分別統計與分析下列項目，人員、單位、作業內容、身高體重性別之生理資訊、痠痛部位及痠痛強度、不同年度等等。填寫對象可針對風險高單位員工填寫 NMQ 表、也可以全員填寫，再將 NMQ 謄入於附錄 2 肌肉骨骼症狀調查與管控追蹤一覽表中，有效量化目前痠痛不適的員工及各單位不適人數數量、比率、甚至好發痠痛部位及影響程度等，藉由相關風險評估找出痠痛程度較高之單位或作業能容等進行改善。

相關風險評估量化圖表舉例如下圖 6-8，可藉由全公司平均與不同痠痛程度、各單位平均與不同痠痛程度、年度比較、多年度彙整比較等縱向與橫向比較，以了解該單位的不適樣態，藉由統計與分析後確認風險與訂定執行方向都是職業安全衛生與勞工健康服務年度目標訂定上密不可分的依據。成效評估、安全衛生委員會、管理審查等皆可呈現相關風險前後數據表現與圖表，會讓您與主管更一目了然。

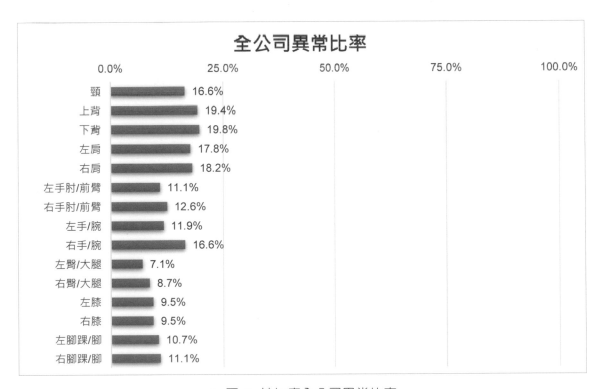

▲ 圖 6　某年度全公司異常比率

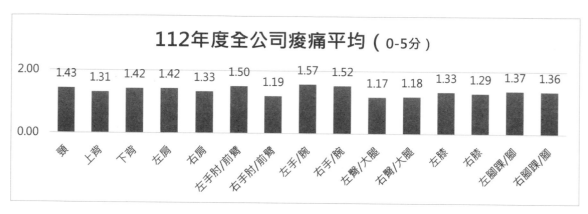

▲ 圖 7 某年度全公司痠痛平均

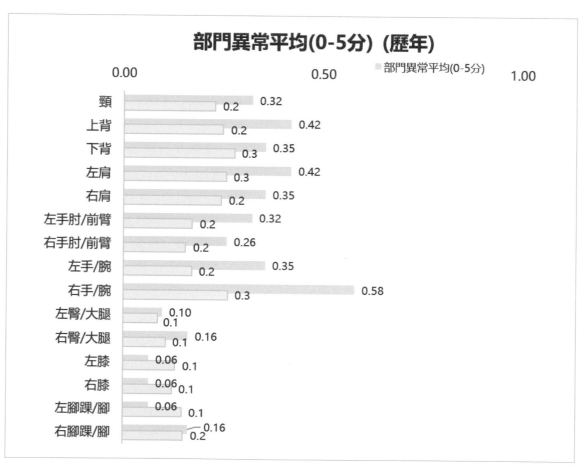

▲ 圖 8 某單位歷年痠痛平均與公司歷年平均比較

1.3.3　評估、選定改善方法及執行

各作業樣態依據人因危害風險評估方法、事業單位人口結構及生理特殊狀態如孕期、產後 1 年內、未成年或中高齡、傷病中或傷病後復工等階段，及事業單位資源和可爭取到的外部資源進行個案管理及相關改善需求，常見如下，亦可邀約外部專家進行改善評估與建議：

1. **工程改善**：製程、產線調整、空間配置調整等。

2. **簡易改善**：使用輔具、空間配置調整、省力工具等。

3. **行政改善**：制度建置、休息時間、健康檢查、強化或促進健康管理等。

4. **個人防護具**：依各重體力勞動作業、重複性作業等關鍵部位或輔助部位進行保護或約束，如護腕、護腰、護膝等。

1.3.4　執行成效之評估及改善

為檢視採取之措施是否有效而進行成效評估，針對過程中每階段設定關鍵評核項目、確認是否達成，並檢討執行過程中的缺失，作為未來改進之參考管理。

❖ 成效評估原則

1. 事業單位進行人因危害預防的定期成效評估，雖然法規未明訂成效評值評率，建議頻率：1 次 / 每年。並建議各事業單位，尤其有建置職安衛系統 \ 之事業單位，依各事業單位制度及依據行業不同風險、機會制定管理方案，藉由不同主軸依短中長期規劃及目標檢視達成狀態，確認採取控制措施後的殘餘風險及新增風險，檢討其適用性及有效性。其評估可由組織內部或外部專業人員主導，以確認人因危害預防政策的適用性及有效性，並確實記錄。

2. 相關會議紀錄、訓練內容、評估報告、改善措施等，應予以保存，以助每年進行風險評估與分析。

3. 為持續推動人因危害預防工作，相關計畫推動之成果宜定期由職業安全衛生人員或勞工健康服務相關人員等於職業安全衛生委員會、管理審查會議報告，報告資料皆應保護勞工隱私（方法如：以整合資料方式呈現、或數據移除個人特定資料）。

4. 對未能達到績效指標之缺失，可透過會議檢討研議改善對策，俾利勞資雙方共同重視。此外，所有人因危害預防之危害辨識、風險評估、改善措施和成效評估等相關數據及紀錄，須書面或電子文件化並妥善保存，以利後續追蹤管理或供勞動檢查人員檢視。

❖ 成效相關參考指標

以下指標可作為成效評估之考量，但仍應視各事業單位推動計畫之需求而定：

1. 缺勤、病假、離職率等。

2. 定期調查勞工工作情形，瞭解勞工於提供相關服務時，有無肌肉骨骼不適之情形。

3. 作業環境及肌肉骨骼不適調查。

4. 根據調查結果之相關數據，分析人因危害所致疾病、傷害或死亡趨勢及比率。

5. 預定目標達成率。

6. 各單位肌肉骨骼不適調查之痠痛發生頻率及嚴重度、痠痛發生頻率前後比較及改善措施完成度等，衡量改善狀況。

7. 各部門／勞工對人因危害預防政策／程序之遵循情形，如：問卷調查回填率、教育訓練參與率等。

8. 職業傷病或調查是否於時效內完成。

1.3.5　其他有關安全衛生事項

本項非撰寫「人因危害預防計畫」之必要項目，但事業單位仍可將執行人因危害預防措施之相關安全衛生事項羅列於此項目中，以臻完善計畫內容。

範例寫法如下：

- 預防流程啟動或重新評估時機如下：一、作業流程或空間新增時；二、作業流程或空間變更時；三、確認有工作者肌肉骨骼傷病發生時；四、法規修正時。

- 相關執行紀錄留存 3 年。

1.3.6　表單（含填寫範例）

條文對應表單如下。

項目	條文內容	表單內容
1	分析作業流程、內容及動作	風險評估表（參照風險評估指引）、肌肉骨骼症狀調查表（NMQ）
2	確認人因性危害因子	肌肉骨骼症狀調查與控管追蹤一覽表、簡易人因工程檢核表、人因檢核表（辦公室快速檢核表、KIM 等）
3	評估、選定改善方法及執行	簡易人因工程檢核表、人因檢核表（辦公室快速檢核表、KIM 等）
4	執行成效之評估及改善	肌肉骨骼傷病調查人因工程改善管控追蹤一覽表
5	其他有關安全衛生事項	

❖ 附錄 1 肌肉骨骼症狀調查表

A. 填表說明

下列任何部位請以酸痛不適與影響關節活動評斷。任選分數高者。

● 酸痛不適程度與關節活動能力：（以肩關節為例）

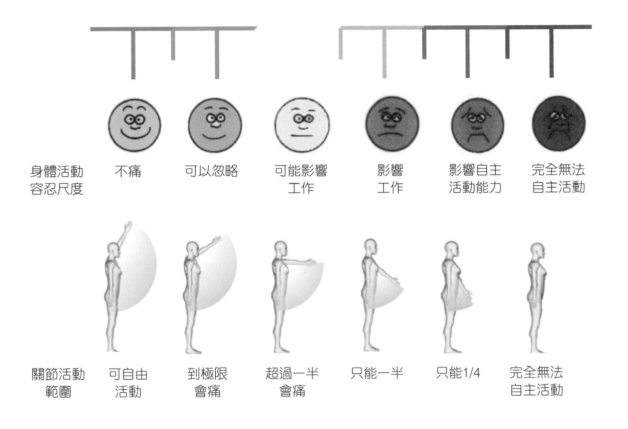

| 身體活動 容忍尺度 | 不痛 | 可以忽略 | 可能影響 工作 | 影響 工作 | 影響自主 活動能力 | 完全無法 自主活動 |

| 關節活動 範圍 | 可自由 活動 | 到極限 會痛 | 超過一半 會痛 | 只能一半 | 只能1/4 | 完全無法 自主活動 |

B. 基本資料

填表日期：　　　　/　　　/　　　

廠區	部門	課 / 組	作業名稱	職稱		
A 廠	製造部	修整組	修整作業	作業員		
勞工編號	姓名	性別	年齡	年資	身高	體重	慣用手
	○○○	■男 □女	50	28	172	88	□左手 ■右手

1. 您在過去的 1 年內，身體是否有長達 2 星期以上的疲勞、酸痛、發麻、刺痛等不舒服，或關節活動受到限制？

   □否 ■是（若否，結束此調查表；若是，請繼續填寫下列表格。）

2. 下表的身體部位酸痛、不適或影響關節活動之情形持續多久時間？

   □1 個月 □3 個月 □6 個月 ■1 年 □3 年 □3 年以上

C. 症狀調查

背面觀

其他症狀、病史說明：

椎間盤突出

❖ 附錄 2　肌肉骨骼症狀調查與管控追蹤一覽表

執行者：　　　　　　執行日期：　　　　年　　月　　日　至　　　　年　　月　　日

工號	姓名	部門	單位	作業名稱	職稱	性別	年齡	年資	身高(CM)	體重(KG)	填寫日期	慣用手	職業病有危害	是否不適	痠痛持續時間	頸	上背	下背	左肩	右肩	左手肘/前臂	右手肘/前臂	左手/腕	右手/腕	左臂/大腿	右臂/大腿	左膝	右膝	左腳踝/腳	右腳踝/腳	簡易改善	進階改善	健康促進	行政改善	是否改善
				作業員		女	41		156.5	46.4	2022/7/1	R		Y	1週																				
				作業員		男	36		173.8	61.7	2022/7/1	R		N																					
				組長		女	37		165.2	71.1	2022/7/1	R		Y	1-2年	2	2	0	1	1	1	3	0	0	1	1	2	2	1	0	使用輔具				是

❖ 附錄 3 辦公室快速評估表

第 1 部 座椅		圖示	
1. 椅高	1.1.1 膝蓋屈曲約 90 度。		1
	過高或過低，使膝蓋屈曲大於或小於 90 度。		2
	腳無法妥善平踏地板。		3
	1.1.2 桌下空間不足，雙膝無法交疊。		+1
	1.1.3 座椅高度無法調整。		+1
2. 椅深	1.2.1 座椅邊緣距離膝蓋約 7.5 公分。		1
	過深或過淺，使座椅邊緣距離膝蓋屈曲小於或大於約 7.5 公分。		2
	1.2.2 椅深無法調整。		+1
		椅高 + 椅深小計	
3. 扶手	1.3.1 手肘成 90 度，與肩同寬，肩部放鬆。		1
	扶手過高（聳肩）/ 過低（手肘無支撐）。		2
	1.3.2 扶手表面過應或破損。		+1
	1.3.3 扶手過寬，肩膀外展。		+1
	1.3.4 扶手無法調整。		+1
4. 椅背	1.4.1 有椅背、足夠的腰部、椅背傾斜度在 95－110 度 之間。		1
	無椅背 / 無腰部支撐 / 支撐未位於腰部 / 傾斜大於 110 度或傾斜小於 95 度。		2
	1.4.2 工作平台過高，需聳肩。		+1
	1.4.3 椅背無法調整。		+1
		扶手 + 椅背小計	

第 1 部 座椅		扶手 + 椅背							
		2	3	4	5	6	7	8	9
椅高 + 椅深	2	1	2	3	4	5	6	7	8
	3	2	2	3	4	5	6	7	8
	4	3	3	3	4	5	7	7	8
	5	4	5	4	4	5	7	7	8
	6	5	5	5	5	5	8	8	9
	7	6	6	6	7	7	8	9	9
	8	7	7	7	8	8	9	9	9

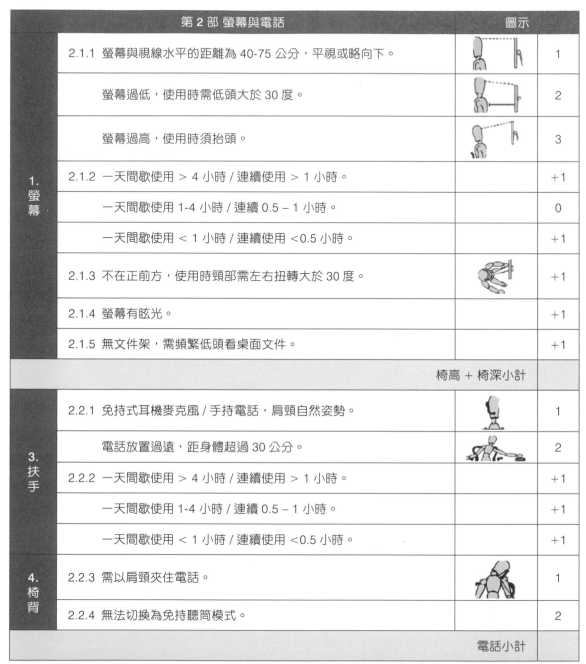

第 2 部 螢幕與電話		圖示	
	2.1.1 螢幕與視線水平的距離為 40-75 公分，平視或略向下。		1
	螢幕過低，使用時需低頭大於 30 度。		2
	螢幕過高，使用時須抬頭。		3
1. 螢幕	2.1.2 一天間歇使用 > 4 小時 / 連續使用 > 1 小時。		+1
	一天間歇使用 1-4 小時 / 連續 0.5 – 1 小時。		0
	一天間歇使用 < 1 小時 / 連續使用 <0.5 小時。		+1
	2.1.3 不在正前方，使用時頸部需左右扭轉大於 30 度。		+1
	2.1.4 螢幕有眩光。		+1
	2.1.5 無文件架，需頻繁低頭看桌面文件。		+1
椅高 + 椅深小計			
3. 扶手	2.2.1 免持式耳機麥克風 / 手持電話，肩頸自然姿勢。		1
	電話放置過遠，距身體超過 30 公分。		2
	2.2.2 一天間歇使用 > 4 小時 / 連續使用 > 1 小時。		+1
	一天間歇使用 1-4 小時 / 連續 0.5 – 1 小時。		+1
	一天間歇使用 < 1 小時 / 連續使用 <0.5 小時。		+1
4. 椅背	2.2.3 需以肩頸夾住電話。		1
	2.2.4 無法切換為免持聽筒模式。		2
電話小計			

第 2 部 螢幕與電話		螢幕							
		0	1	2	3	4	5	6	7
電話	0	1	1	1	2	3	4	5	6
	1	1	1	2	3	3	4	5	6
	2	1	2	2	3	3	4	6	7
	3	2	2	3	4	4	5	6	8
	4	3	3	4	5	5	6	7	8
	5	4	4	5	7	6	7	8	9
	6	5	5	6	8	8	8	9	9

第 3 部 滑鼠與鍵盤		圖示	
1. 滑鼠	3.1.1 滑鼠位置約可對齊肩膀。		1
	滑鼠放置位置過遠,需伸長手臂使用。		2
	3.1.2 一天間歇使用 >4 小時 / 連續使用 >1 小時。		+1
	一天間歇使用 1-4 小時 / 連續 0.5 – 1 小時。		0
	一天間歇使用 <1 小時 / 連續使用 <0.5 小時。		-1
	3.1.3 滑鼠和鍵盤在不同工作平面。		+2
	3.1.4 滑鼠太小,使用時手需捏抓出力。		+1
	3.1.5 滑鼠墊或支撐面過硬,使手腕產生壓迫。		+1
	椅高 + 椅深小計		
2. 鍵盤	3.2.1 手腕不彎曲,肩膀放鬆。		1
	手腕背屈大於 15 度。		2
	3.2.2 一天間歇使用 > 4 小時 / 連續使用 > 1 小時。		+1
	一天間歇使用 1-4 小時 / 連續 0.5 – 1 小時。		0
	一天間歇使用 < 1 小時 / 連續使用 <0.5 小時。		-1
	3.2.3 操作時手腕側偏,無法維持手腕平直。		+1
	3.2.4 過高,使操作時造成聳肩。		+1
	3.2.5 放置高位,手需高舉過肩操作。		+1
	3.2.6 鍵盤無法調整。		+1
	電話小計		

第 3 部 滑鼠與鍵盤		鍵盤							
		0	1	2	3	4	5	6	7
滑鼠	0	1	1	1	2	3	4	5	6
	1	1	1	2	3	4	5	6	7
	2	1	2	2	3	4	5	6	7
	3	2	3	3	3	5	6	7	8
	4	3	4	4	5	5	6	7	8
	5	4	5	5	6	6	7	8	9
	6	5	6	6	7	7	8	8	9
	7	6	7	7	8	8	9	9	9

評估日期：_____/_____/_____

姓　　名：_____　工號：_____

部門單位：_____

總　　分：_____**3**_____

第4部 周邊	滑鼠與鍵盤								
	1	2	3	4	5	6	7	8	9
1	1	2	3	4	5	6	7	8	9
2	2	2	3	4	5	6	7	8	9
3	3	3	3	4	5	6	7	8	9
4	4	4	4	4	5	6	7	8	9
5	5	5	5	5	5	6	7	8	9
6	6	6	6	6	6	6	7	8	9
7	7	7	7	7	7	7	7	8	9
8	8	8	8	8	8	8	8	8	9
9	9	9	9	9	9	9	9	9	9

（螢幕與電話 為左側列標題）

總分	周邊									
	1	2	3	4	5	6	7	8	9	10
1	1	2	3	4	5	6	7	8	9	10
2	2	2	3	4	5	6	7	8	9	10
3	3	3	3	4	5	6	7	8	9	10
4	4	4	4	4	5	6	7	8	9	10
5	5	5	5	5	5	6	7	8	9	10
6	6	6	6	6	6	6	7	8	9	10
7	7	7	7	7	7	7	7	8	9	10
8	8	8	8	8	8	8	8	8	9	10
9	9	9	9	9	9	9	9	9	9	10
9	10	10	10	10	10	10	10	10	10	10

（座椅 為左側列標題）

※ 評分大於 5 分被視為「高風險」，應進一步評估工作站。

RAPID OFFICE STRAIN ASSESSMENT

ROSA 評分介紹

1. 依照椅高與椅深評分獲得【第 1 部 座椅】部分縱軸得分，依手臂及背部休息評分獲得【第 1 部 座椅】橫軸得分。依照對應關係產生得分。並根據工作者每天花費時間增加時間評級分數。

2. 依目視螢幕角度獲得【第 2 部 螢幕與電話】部分橫軸得分，依電話使用方式及工作者每天花費時間獲得【第 2 部 螢幕與電話】縱軸得分。並依兩者產生【第 2 部 螢幕與電話】得分。

3. 依鍵盤使用及工作者每天花費時間獲得【第 3 部 滑鼠與鍵盤】橫軸得分，依滑鼠使用方式及工作者每天花費時間獲得【第 3 部 滑鼠與鍵盤】縱軸得分。並依兩者得到【第 3 部 滑鼠與鍵盤】評分。

4. 根據步驟 2【第 2 部 螢幕與電話】縱軸得分，根據步驟 3 產生【第 4 部 周邊】橫軸得分。

5. 依照步驟 1（第 1 部 座椅）所得分數對應縱軸得分，依步驟 4 所得分數對應橫軸得分。並依這些數據產生【ROSA 評核表】最終得分。

EMPLOYEE NAME:
DATE:
ASSESSED BY:

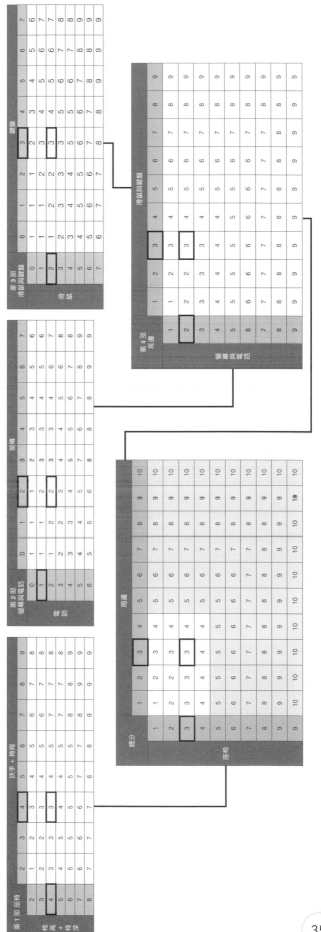

1.4 實作範例

人因性危害預防計畫

112 年 OO 月 OO 日修訂

一、目的

依據職業安全衛生法第 5 條、第 6 條第 2 項，規範雇主使勞工從事重複性之作業，如姿勢不良、過度施力及作業頻率過高等原因，致促發肌肉骨骼疾病之虞，應在合理可行範圍內採取必要之預防設備或措施採取下列危害預防措施，進而確保勞工之工作安全與身心健康。

二、適用對象

本公司全體工作者。

三、定義

1. 人因工程：人因工程旨在發現人類的行為、能力、限制和其他的特性等知識，而應用於工具、機器、系統、任務、工作和環境等設計，使人類對於它們的使用能更具生產力、有效果、舒適與安全。

2. 工作相關肌肉骨骼傷害：由於工作中的危險因子，如持續或重複施力、不當姿勢，導致或加重軟組織傷病。

3. 重複性作業等促發肌肉骨骼疾病：如姿勢不良、過度施力及作業頻率過高等促發肌肉骨骼疾病。

四、職責

（一）職業安全衛生人員

1. 擬定、規劃、執行，並依需求更新人因性危害預防計畫。

2. 依據相關作業風險及促發疾病因子協助辨識危害、評估風險（附件 1、2、3、4、5、6、7、8、9、10、11）。

3. 依風險評估結果，進行工程改善討論與建議，或提供工作調整、更換，以及作業改善措施之建議（附件 1、3、5、12）。

（二）部門單位主管

1. 參與人因危害預防計畫協助預防計畫之推動與執行。

2. 協助人因危害之風險評估（附件 1、2、3）。

3. 協助調度員工參與本預防計畫之規劃及改善措施執行（附件 1、2、3、12）。

4. 配合本預防計畫之工作調整、更換，以及作業現場改善措施（附件 5、12）。

（三）員工

1. 配合預防計畫之執行及參與。

2. 配合預防計畫之風險評估。

3. 配合預防計畫之工作調整與作業現場改善措施。

4. 預防計畫執行中之作業變更或健康狀況變化，應告知健康服務醫護人員，以調整預防計畫之執行。

五、執行流程

（一）分析作業流程、內容及動作

1. 職業安全衛生人員建置主要作業流程及關鍵動作描述。

2. 職業安全衛生人員定期調查肌肉骨骼不適情形與程度或收集工作者自主回饋痠痛情形。

（二）確認人因性危害因子

1. 統計肌肉骨骼不適情形與程度或痠痛自主回饋，評估肌肉骨骼反應與工作相關程度，以確認作業促發肌肉骨骼傷病危害因子之關聯性。

2. 選用簡易人因工程檢核表、人因工程評估報告等評估作業促發肌肉骨骼傷病之風險。

（三）評估、選定改善方法及執行

1. 依危害風險分級評估優先改善順序及執行改善，如規劃簡易人因工程改善、進階人因工程改善或行政改善等措施。

2. 簡易人因工程改善：檢核工作中常見、典型的危害，比對出危害與及其改善方案，包含姿勢不良、過度施力、高重複動作、振動衝擊與組織壓迫等五種危害因子。

3. 進階人因工程改善：由專業人員以人因檢核工具，確認作業風險並規劃、執行並追蹤改善高度風險之作業環境、作業模式或作業型態。

4. 行政改善：減少工時、調換作業、輪調等。

5. 健康促進：介入強化肌肉骨骼之認知、方法等措施。

（四）執行成效之評估及改善

1. 肌肉骨骼痠痛不適調查表調查數據比較。

2. 預防計畫之績效評估，在於各單位內工作環境及人員健康相互影響程度之整體性評估，包括環境風險、接受預防計畫風險評估與風險溝通之參與率、職場健康促進計畫之達成率，及相關異常之健康指數等改善成效追蹤。

3. 改善方案之執行成效管控追蹤，評估是否符合預期成效。或如成效不如預期成果，應進行再評估程序，確認人因性危害因子以修正改善方法。

4. 定期檢視成效與計畫調整，相關計畫推動之成果定期於職業安全衛生委員會進行報告，定期檢討績效指標及執行現況。

六、其他有關安全衛生事項

1. 本計畫執行紀錄或相關文件等應歸檔 存紀錄 3 年。

2. 本計畫經職業安全衛生委員會通過後實施，修正時亦同。

❖ 附件 1 風險評估表

公司名稱	部門	評估日期	評估人員	審核者

1. 作業編號與名稱				2. 辨識危害及後果					3. 現有防護設施			4. 風險評估			5. 降低風險之控制措施	6. 控制後的預估風險		
編號	作業名稱	作業週期	作業環境	機械/設備/工具	能源/化學物質	作業資格	危害類型	危害可能造成後果之情境描述	工程控制	管理控制	個人防護具	嚴重度	可能性	風險等級		嚴重度	可能性	風險等級

❖ 附件 2 肌肉骨骼症狀調查表

A. 填表說明

下列任何部位請以酸痛不適與影響關節活動評斷。任選分數高者。

● 酸痛不適程度與關節活動能力：（以肩關節為例）

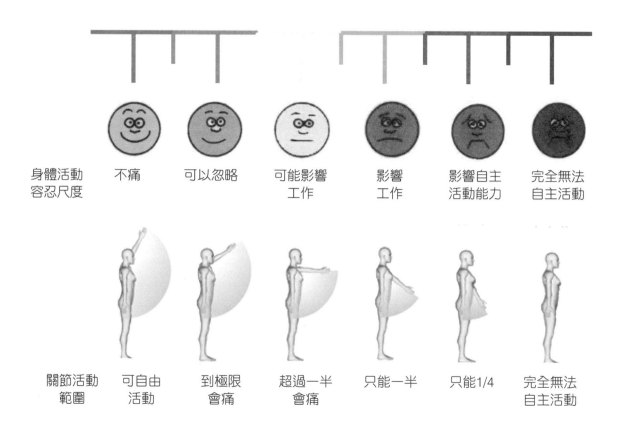

| 身體活動
容忍尺度 | 不痛 | 可以忽略 | 可能影響
工作 | 影響
工作 | 影響自主
活動能力 | 完全無法
自主活動 |

| 關節活動
範圍 | 可自由
活動 | 到極限
會痛 | 超過一半
會痛 | 只能一半 | 只能1/4 | 完全無法
自主活動 |

B. 基本資料

填表日期：　　　　　/　　　/

廠區	部門	課 / 組		作業名稱		職稱	
A 廠	製造部	修整組		修整作業		作業員	
勞工編號	姓名	性別	年齡	年資	身高	體重	慣用手
	OOO	□男 □女	50	28	172	88	□左手 □右手

1. 您在過去的 1 年內，身體是否有長達 2 星期以上的疲勞、酸痛、發麻、刺痛等不舒服，或關節活動受到限制？

   □否　□是（若否，結束此調查表；若是，請繼續填寫下列表格。）

2. 下表的身體部位酸痛、不適或影響關節活動之情形持續多久時間？

   □1個月　□3個月　□6個月　□1年　□3年　□3年以上

C. 症狀調查

背面觀

其他症狀、病史說明：

編號 _____ :
編號 _____ :
編號 _____ :
其他：

❖ 附件 3 肌肉骨骼症狀調查與管控追蹤一覽表

執行者：

執行日期： 年 月 日至 年 月 日

工號	姓名	部門單位	作業名稱	職稱	性別	年齡	年資	身高(CM)	體重(KG)	填寫日期	慣用手	職業病	有危害	是否不適	痠痛持續時間	頸	上背	下背	左肩	右肩	左手肘/前臂	右手肘/前臂	左手/腕	右手/腕	左臂/大腿	右臂/大腿	左膝	右膝	左腳踝/腳	右腳踝/腳	簡易改善	進階改善	健康促進	行政改善	是否改善

❖ 附件 4 辦公室快速評估表
（RAPID OFFICE STRAIN ASSESSMENT，ROSA）

單位：　　　　　　　　姓名：

評估人員：　　　　　　日期：　　　／　　　／

The Rapid Office Strain Assessment
Developed by Michael Sonne, MHK, CK.

	第 1 部 座椅	圖示	
1.椅高	1.1.1 膝蓋屈曲約 90 度。		1
	過高或過低，使膝蓋屈曲大於或小於 90 度。		2
	腳無法妥善平踏地板。		3
	1.1.2 桌下空間不足，雙膝無法交疊。		+1
	1.1.3 座椅高度無法調整。		+1
2.椅深	1.2.1 座椅邊緣距離膝蓋約 7.5 公分。		1
	過深或過淺，使座椅邊緣距離膝蓋屈曲小於或大於約 7.5 公分。		2
	1.2.2 椅深無法調整。		+1
	椅高 + 椅深小計		
3.扶手	1.3.1 手肘成 90 度，與肩同寬，肩部放鬆。		1
	扶手過高 (聳肩)/ 過低 (手肘無支撐)。		2
	1.3.2 扶手表面過應或破損。		+1
	1.3.3 扶手過寬，肩膀外展。		+1
	1.3.4 扶手無法調整。		+1
4.椅背	1.4.1 有椅背、足夠的腰部、椅背傾斜度在 95 – 110 度 之間。		1
	無椅背 / 無腰部支撐 / 支撐未位於腰部 / 傾斜大於 110 度或傾斜小於 95 度。		2
	1.4.2 工作平台過高，需聳肩。		+1
	1.4.3 椅背無法調整。		+1
	扶手 + 椅背小計		

第 1 部 座椅		扶手 + 椅背							
		2	3	4	5	6	7	8	9
椅高 + 椅深	2	1	2	3	4	5	6	7	8
	3	2	2	3	4	5	6	7	8
	4	3	3	3	4	5	7	7	8
	5	4	5	4	4	5	7	7	8
	6	5	5	5	5	5	8	8	8
	7	6	6	6	7	7	8	9	9
	8	7	7	7	8	8	9	9	9

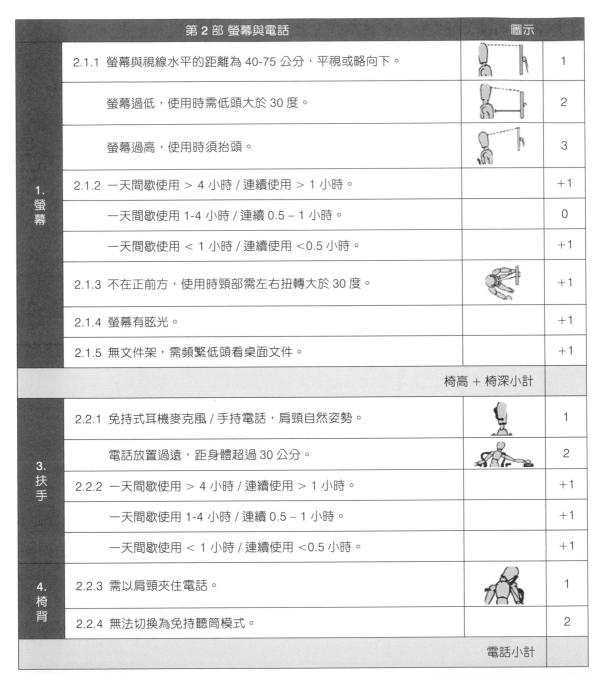

第 2 部 螢幕與電話		圖示	
1. 螢幕	2.1.1 螢幕與視線水平的距離為 40-75 公分，平視或略向下。		1
	螢幕過低，使用時需低頭大於 30 度。		2
	螢幕過高，使用時須抬頭。		3
	2.1.2 一天間歇使用 > 4 小時 / 連續使用 > 1 小時。		+1
	一天間歇使用 1-4 小時 / 連續 0.5 – 1 小時。		0
	一天間歇使用 < 1 小時 / 連續使用 <0.5 小時。		+1
	2.1.3 不在正前方，使用時頸部需左右扭轉大於 30 度。		+1
	2.1.4 螢幕有眩光。		+1
	2.1.5 無文件架，需頻繁低頭看桌面文件。		+1
		椅高 + 椅深小計	
3. 扶手	2.2.1 免持式耳機麥克風 / 手持電話，肩頸自然姿勢。		1
	電話放置過遠，距身體超過 30 公分。		2
	2.2.2 一天間歇使用 > 4 小時 / 連續使用 > 1 小時。		+1
	一天間歇使用 1-4 小時 / 連續 0.5 – 1 小時。		+1
	一天間歇使用 < 1 小時 / 連續使用 <0.5 小時。		+1
4. 椅背	2.2.3 需以肩頸夾住電話。		1
	2.2.4 無法切換為免持聽筒模式。		2
		電話小計	

第 2 部 螢幕與電話		螢幕							
		0	1	2	3	4	5	6	7
電話	0	1	1	1	2	3	4	5	6
	1	1	1	2	3	3	4	5	6
	2	1	2	2	3	3	4	6	7
	3	2	2	3	4	4	5	6	8
	4	3	3	4	5	5	6	7	8
	5	4	4	5	7	6	7	8	9
	6	5	5	6	8	8	8	9	9

第 3 部 滑鼠與鍵盤		圖示	
1. 滑鼠	3.1.1 滑鼠位置約可對齊肩膀。		1
	滑鼠放置位置過遠,需伸長手臂使用。		2
	3.1.2 一天間歇使用 >4 小時 / 連續使用 >1 小時。		+1
	一天間歇使用 1-4 小時 / 連續 0.5 – 1 小時。		0
	一天間歇使用 <1 小時 / 連續使用 <0.5 小時。		-1
	3.1.3 滑鼠和鍵盤在不同工作平面。		+2
	3.1.4 滑鼠太小,使用時手需捏抓出力。		+1
	3.1.5 滑鼠墊或支撐面過硬,使手腕產生壓迫。		+1
	椅高 + 椅深小計		
2. 鍵盤	3.2.1 手腕不彎曲,肩膀放鬆。		1
	手腕背屈大於 15 度。		2
	3.2.2 一天間歇使用 > 4 小時 / 連續使用 > 1 小時。		+1
	一天間歇使用 1-4 小時 / 連續 0.5 – 1 小時。		0
	一天間歇使用 < 1 小時 / 連續使用 <0.5 小時。		-1
	3.2.3 操作時手腕側偏,無法維持手腕平直。		+1
	3.2.4 過高,使操作時造成聳肩。		+1
	3.2.5 放置高位,手需高舉過肩操作。		+1
	3.2.6 鍵盤無法調整。		+1
	電話小計		

第 3 部 滑鼠與鍵盤		鍵盤							
		0	1	2	3	4	5	6	7
滑鼠	0	1	1	1	2	3	4	5	6
	1	1	1	2	3	4	5	6	7
	2	1	2	2	3	4	5	6	7
	3	2	3	3	3	5	6	7	8
	4	3	4	4	5	5	6	7	8
	5	4	5	5	6	6	7	8	9
	6	5	6	6	7	7	8	8	9
	7	6	7	7	8	8	9	9	9

評估日期：＿＿＿＿＿/＿＿＿＿＿/＿＿＿＿＿

姓　　名：＿＿＿＿＿＿＿＿＿＿＿＿＿　工號：＿＿＿＿＿＿＿＿＿＿

部門單位：＿＿＿＿＿＿＿＿＿＿＿＿＿

第4部 周邊		滑鼠與鍵盤								
		1	2	3	4	5	6	7	8	9
螢幕與電話	1	1	2	3	4	5	6	7	8	9
	2	2	2	3	4	5	6	7	8	9
	3	3	3	3	4	5	6	7	8	9
	4	4	4	4	4	5	6	7	8	9
	5	5	5	5	5	5	6	7	8	9
	6	6	6	6	6	6	6	7	8	9
	7	7	7	7	7	7	7	7	8	9
	8	8	8	8	8	8	8	8	8	9
	9	9	9	9	9	9	9	9	9	9

總分		周邊									
		1	2	3	4	5	6	7	8	9	10
座椅	1	1	2	3	4	5	6	7	8	9	10
	2	2	2	3	4	5	6	7	8	9	10
	3	3	3	3	4	5	6	7	8	9	10
	4	4	4	4	4	5	6	7	8	9	10
	5	5	5	5	5	5	6	7	8	9	10
	6	6	6	6	6	6	6	7	8	9	10
	7	7	7	7	7	7	7	7	8	9	10
	8	8	8	8	8	8	8	8	8	9	10
	9	9	9	9	9	9	9	9	9	9	10
	9	10	10	10	10	10	10	10	10	10	10

※ 評分大於 5 分被視為「高風險」，應進一步評估工作站。

附件5 改善方案一覽表

一、不良姿勢	
危害	改善方案
 手過頭	 在作業安全區作業 男：94~140 cm；女：88~131 cm
 手肘過肩	 使用長柄工具　　可調高站台
  頸部彎曲	 頸部彎曲 提高工作/設備的高度
 腰部彎曲	 使用墊高台，調整工作點高度

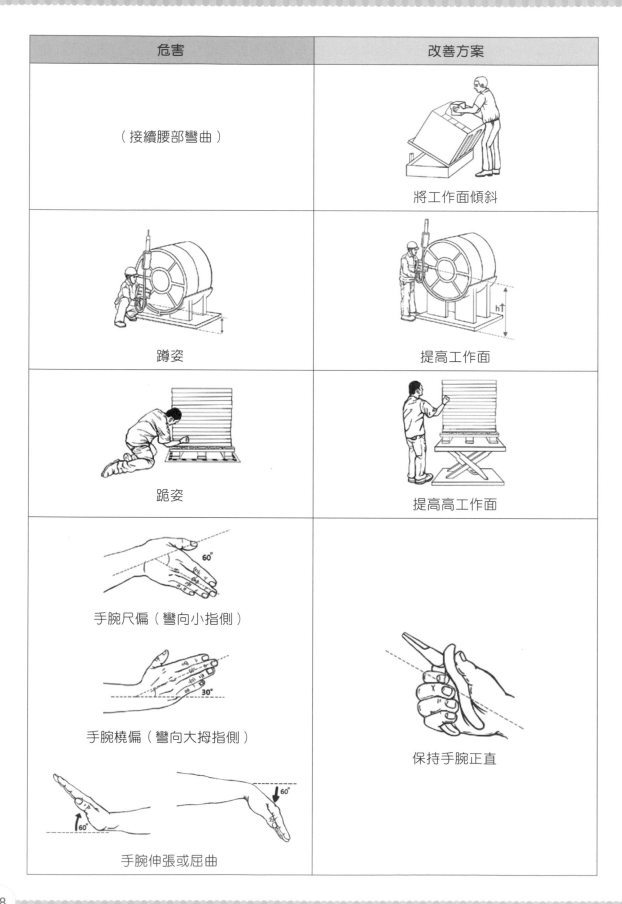

危害	改善方案
（接續腰部彎曲）	將工作面傾斜
蹲姿	提高工作面
跪姿	提高高工作面
手腕尺偏（彎向小指側） 手腕橈偏（彎向大拇指側） 手腕伸張或屈曲	保持手腕正直

二、過度施力	
危害	改善方案

危害

抬舉重物

抬舉大於 35 公斤
（一天超過 1 次）

或大於 25 公斤
（一天超過 10 次）

改善方案

使用升降推車　　　　象鼻子

運輸帶　　　　（動力）拖板車

搬運車　　　　滑桿

**高頻率的抬舉
（＞ 5 公斤）**

胸部中點
抬舉安全區
男 84-122cm
女 78-115cm
握舉

在抬舉安全區作業

危害	改善方案
不良姿勢的抬舉 （ >12 公斤 ） 過肩	使用墊高台，調整工作點高度
低於膝蓋	使用升降桌，提高工作面
手臂前伸	h↓ 移除障礙，縮短作業的水平距離
手部抓取	使用有把手的箱子
手部握持	使用重量平衡吊具

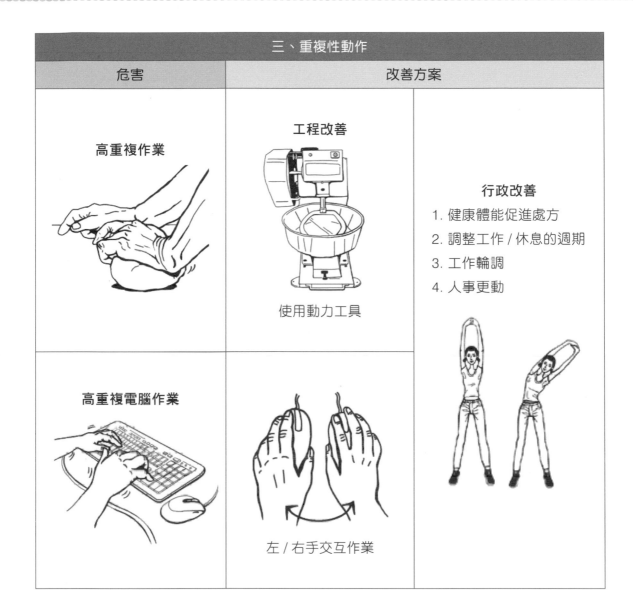

三、重複性動作	
危害	改善方案

高重複作業

工程改善

使用動力工具

高重複電腦作業

左 / 右手交互作業

行政改善
1. 健康體能促進處方
2. 調整工作 / 休息的週期
3. 工作輪調
4. 人事更動

四、振動衝擊	
危害	改善方案
手部振動 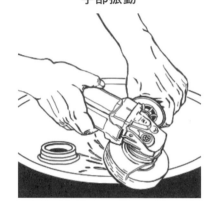 中度振動工具  高度振動工具	 使用振動工具時，配戴減振手套
高重複電腦作業  崎嶇的路面、河床	 裝設減振座椅

危害	
危害	改善方案
銳利邊緣壓迫到身體	除去銳利邊緣或移除障礙物　　　　　加裝靠墊
手工具的把手壓迫到手	使用配合手弧度的把手　　　　　使用大的握把工具
以手掌／手腕拍打或槌擊　　　　　以膝蓋槌擊	使用膠槌　　　　　配戴膝墊／手套

❖ 附件 6 KIM-ABP 用於評估和設計與不良身體姿勢有關的工作負荷

KIM-ABP —— 用於評估和設計與不良身體姿勢有關的工作負荷

工作場所 / 子項活動：		
工作日的持續時間：	評估人員：	
子項活動的持續時間：	日期：	

步驟一：決定時間權重

本子項活動每個工作日的總時間 [達……小時]	≤1	2	3	4	5	6	7	8	9	10
時間權重	1	2	3	4	5	6	7	8	9	10

步驟二：決定其他指標的評級點數

A		背部負荷—身體姿勢 在未施力或低施力的工作情況下	子項活動的部分時間				評級點數
			≤1/4 (偶爾)	≤1/2 (頻繁)	≤ 3/4 (主要)	> 3/4 (持續未間斷)	
	1	站立、蹲或跪姿[1]的**直立背部姿勢**，也可因走幾步或身體運動（軀幹前傾 ≤20°）而中斷。例如銷售人員、機器操作員。	2	4	6	8	
	2	站立、蹲或跪姿[1]下**軀幹適度前傾**（ > 20~60°）或後仰。例如輸送帶上分揀烘焙食品。	7	15	22	30	
	3	在站立、蹲或跪姿[1]下，**軀幹嚴重前傾**（ > 60°）。例如使用鋼固定器。	10	20	30	40	
	4	**被迫 (受限) 的坐姿**，軀幹適度或嚴重前傾，大部分時間始終都看向工作區域。例如在顯微鏡下工作、駕駛起重機、進行內視鏡檢查（醫學），包括坐在地板上。	3	6	9	12	
	5	**姿勢可變的坐姿**。例如辦公室工作 (行政)	改變成站立 / 行走是	不可行的	2	4	6	8
				可行的	0.5	1	1.5	2

1) 請注意：對於手 / 手姿勢，請在適用的情況下完成 B 部分！如果工作是在蹲 / 跪的姿勢下進行，C 部分也需要完成！

總姿勢評級點數　　A　　背部：

B		肩部與上臂負荷 在未施力或低施力的工作情況下[2]	子項活動的部分時間				評級點數
			≤1/4	≤1/2	≤ 3/4	> 3/4	
	1	在站立、蹲或跪姿下**手臂舉起、雙手低於肩部或與身體保持一段距離**。例如：乾式施工、室內設計、電氣安裝、通風系統安裝、熟練的手工組裝工作、維修。	10	20	30	40	
	2	在站立、蹲或跪姿下**手臂舉起、雙手高度過肩**。例如：輸送帶上的分揀活動。	6	12	18	24	
	3	**仰臥，雙臂舉過頭**。例如天花板塗裝、組裝作業、船底 / 儲槽建造。	7	14	21	28	
		俯臥，手臂在身體前方 / 下方。例如收割設備，裝工作。					
剩餘時間		**沒有肩部 / 手臂姿勢負荷**的部分評估期	0	0	0	0	

2) 請注意：如果手 / 臂系統有生理負荷，則該子項活動也應使用 KIM-MHO 進行評估。

總姿勢評級點數　　B　　肩膀及上臂：

C		膝 / 腿的負荷 在未施力或低施力的工作情況下	子項活動的部分時間				評級點數
			≤1/4	≤1/2	≤ 3/4	> 3/4	
	1	**持續地站立**。也可因走幾步而中斷。例如銷售人員、機器操作員	2	4	6	8	
	2	**蹲、跪或盤腿坐**[3]。例如乾式施工、室內設計、電工、管道設、手工焊接、收割、鋪設地板 / 瓷磚 / 鵝卵石、熟練地手工組裝作業和維修。	10	20	30	40	
剩餘時間		**沒有膝部姿勢負荷**的期間	0	0	0	0	

3) 如果子項活動涉及爬行，則也需使用 KIM-MHO 進行評估。

總姿勢評級點數　　C　　膝 / 腿的負荷：

不利的工作條件（僅在適用時指定）		A 背部	B 肩部與上臂	C 膝／腿
看得出來的軀幹扭曲和／或側彎	偶爾	1	0	0
	頻繁到持續	2	0	1
頭部：後仰和／或嚴重向前傾或不斷轉動	偶爾或持續	1	1	0
上身向前傾時無法支撐－用手、依靠在某物上、借助工具	不可行	2	0	0
狹窄的運動空間	頻繁到持續	2	2	2
不利工作條件的評級點數總計 A／B／C				

其他工作條件（僅在適用時指定）	A	B	C
地面不平，穩定性受限	1	1	1
潮濕、寒冷、強風、衣服可能淋濕	1	1	0
強烈衝擊（振動）導致身體緊張（緊繃）[4]	1	1	0
高度的心智負荷（例如識別物體）	1	1	0
其他工作條件的評級點數總計 A／B／C			
無：沒有不利的工作條件	（　　）	（　　）	（　　）

4) 請注意：如果有因振動引起的生理負荷，請將其單獨評估！見 *https://www.baua.de/EN/TopicsWork-design/Physical-agents-and_ work-environment/Vibrations/_functions/Publications-search_Formular.html?nn=8718374*

步驟三：評估

	A 背部	B 肩部與上臂	C 膝／腿
各別部位指標評級點數總和			
不利的工作條件 +			
其他工作條件 +			
總指標評級點數：			
身體姿勢各部位風險值			

時間權重 ×

最高風險值 總風險

計算出的風險值和下表可作為粗略評估的基礎：				
風險	風險值範圍	負荷強度 *	a) 身體超過負荷的可能性 b) 可能的健康後果	處置方法
	1	<20	低	a) 不太可能會超過身體負荷 b) 預計不會有健康風險	無
	2	20 ≤ 　< 50	中低	a) 對於耐受力較差的人，有可能超過身體負荷 b) 疲勞、低度適應問題，可於休息時間獲得恢復	對於耐受力較差的人，重新設計工作場所和其他預防措施可能會有所幫助
	3	50 ≤ 　100	中高	a) 對於一般耐受力的人，也有可能超過身體負荷 b) 疾病（疼痛），可能包括功能障礙，多數情況下可以恢復，沒有形態上的表現	應考慮重新設計工作場所和採取其他預防措施
	4	≥100	高	a) 很可能超過身體負荷 b) 更明顯的疾病和／或功能障礙，具有病理意義的結構性損傷	工作場所必須重新設計，及考慮採取其他預防措施

* 由於個人的工作技術和工作條件上的差異，風險範圍之間的界限是可變的，因此，分類僅可視為比較與決策方向的輔助。基本上，必須假設身體超負荷的機率會隨著風險值的增加而增加。

With kind permission of Bundesanstalt fur Arbeitsschutz und Arbeitsmedizin, 2019. Translation by Hsieh-Ching Chen

❖ 附件 7 KIM-BF 用於評估和設計與全身施力相關的工作負荷

KIM-BF —— 用於評估和設計與全身施力相關的工作負荷

工作場所 / 子項活動：		
工作日的持續時間：		評估人員：
子項活動的持續時間：		日期：

步驟一：決定時間權重

本子項任務每個工作日的總持續時間 1) [分鐘] 和 / 或重複性 2)：	≤1	>1 ~5	>5 ~10	>10 ~20	>20 ~30	>30 ~45	>45 ~60	>60 ~100	>100 ~150	>150 ~210	>210 ~270	>270 ~360	>360 ~480
時間權重：	1	1.5	2	2.5	3	3.5	4	5	6	7	8	9	10

1) 對於連續的子活動，2) 對於不續的子活動。有關這方面的解釋，請參閱指引。

請注意：如果主要是以手 - 指施力，則還必須使用 KIM-MHO 評估子項活動！

步驟二：決定其他指標的評級點數

在標準分鐘內子項任務的連續與 / 或非連續施力		握持 3) 平均握持時間 [秒]			移動 平均移動頻率 [次]			
等級 (程度)	典型例子指引，用於分類輔助	31~45 3)	16~30	≤15	<5	5~15	16~30	31~45 5)
低 ▲	**低施力** 根據定義，不可能發生低全身施力的情況。在適用的情況下，這些子項活動必須使用 KIM-MHO 評估。	-	-	-	-	-	-	-
	中等施力 (≤30% F_maxM) 使用手動工具，例如角磨機、小型鏈鋸、綠籬修剪機或 <3 公斤的振動鑽 / 於滾輪滑軌上的移動 <20 公斤的負載。	18	12	6	1.5	6	12	18
	高施力 (≤50% F_maxM) 使用重型手動工具，如角磨機、大型鏈鋸、3~8 公斤鎚鑽 / 操作高壓清潔器或噴砂機 / 鏟起 <4 公斤的負載 / 於滾輪滑軌上移動 20~50 公斤的戴荷 / 投擲 <3 公斤的負載 <5 米。	25	17	8	2	8	17	25
	極高施力 (≤80% F_maxM) 使用重型手動工具，例如氣動錘 (≥8kg)/ 鏟起 4~8kg 的負載 / 於滾輪滑軌上移動 50~100kg 負載 / 投擲 3kg 負載最遠 10 米或 3~5 公斤最遠 5 米。	100	21	15	4	15	32	100
高 ▼	**峰值施力 4) (>80% F_maxM)** 脈衝施力，例如使用撬棍、大錘 / 傾翻重桶 (>200kg)、運輸重型家具 / 鏟起 >8kg 的載 / 於滾輪滑軌上移動 >100kg 的負載 / 投擲 <3kg 負載 10 米以上或 ≥3 公斤負載 5 米以上。	100		25	6	25	50	100

必須觀察子項活動並標記相應力量類別的評級點數，其總和代表總施力評級點數。	總施力評級點數：	
	對女性 x1.5：	

3) 握持作業的時間長短僅在單臂連續靜態維持至少 4 秒的情況下才計入評估之中！

4) 這些力也許根本不應該被施加或能被可靠地施加，尤其是對於女性。

5) 在更高的頻率 / 握持時間下，必須採用線性外插得出的風險評分，或者必須使用 KIM-MHO-E 的公式。

施力對稱	評級點數
用雙手對稱施力	0
用一隻手暫時性地和 / 或不對稱地施力：兩隻手之間的力分佈不均	2
主要用一隻手施力，雙手受力的分佈不均或施力方向不一致	4

身體姿勢 6)		評級點數
	- 軀幹介於直立至略微前傾 (<20°) 的位置 - 沒有扭曲	0
	- 站立，軀幹更明顯地向前頌 (20~60°) - 偶爾可看出軀幹有扭轉和 / 或側彎 - 雙手偶爾高於肩部 / 與身體保持一段距離	3
	- 站立，軀幹嚴重向前傾 (>60°) 或向後仰 - 可看出軀幹有頻繁地扭轉和 / 或側彎 - 雙手經常高於肩部 / 與身體保持一段距離 - 以躺臥的姿勢工作，雙手在身體上方 / 下方	6
	- 更嚴重地向前或向後傾和側彎 / 扭轉的組合 - 可看出軀幹有不斷扭轉和 / 或側彎 - 以蹲姿或跪姿工作 - 雙手始終高於肩部 / 與身體保持一段距離	9 7)

6) 應考慮典型的身體姿勢，可以忽略罕見的偏差 (離)。

7) 請注意：如果選擇此類別，建議也使用 KIM-ABP 評估此子項活動！

不利(友善)的工作條件(僅在適用時才指定) Note: Here, additional points (intermediate rating points) can be assigned for unfavourable working conditions.		中間評級點數 (IRP)	ΣIRP
手/臂位置和動作:	偶爾達到(關節)活動範圍的極限	1	
	頻繁/持續地達到(關節)活動範圍的極限	2	
施力或力量傳遞受限:負重難以抓握/需要(比正常)更大的握持力/缺乏造形的手柄		1	
施力或力量傳遞明顯受阻:負重幾乎無法抓握/滑溜、柔軟、鋒利的邊緣/沒有把手或不合適的把手		2	
不利的環境條件:暴露於熱、冷和/或振動中 [8]		1	
有害的環境條件:暴露在極熱、極冷和/或振動中 [8]		2	
空間條件受限導致體力付出增加:穩定性和/或運動空間受限。例如,高度太低或工作區域小於1.5平方公尺/地面有點滑、輕微傾斜(<5°),工作區域有障礙物		1	
不利的空間條件導致付出明顯地增加:顯著地限制穩定性和/或運動自由度。例如,在非常狹窄的空間工作/地面非常滑/不平,嚴重傾斜(>5°)		2	
衣服:由於束縛性和厚重防護服/個人防護設備而導致額外的體力負荷(例如防熱服、化學防護服、重型呼吸防護設備)		2	
無:沒有不利的工作條件		0	

表中未提及的指標也應相應地被考慮,可以忽略罕見的偏差(離)。
8) 請注意:如果有因振動引起的生理負荷,則需單獨評估! http://www.baua.de/vibration/

工作組織/時間(序)分配	評級點數
良好:經常由於其他活動(包括其他類型的體力負荷)改變工作中體力的負載情況/在一個工作日內,在一項體力作業中不存在一系列緊湊、較高體力的負載。	0
受限的:鮮少由於其他的活動(包括其他類型的體力負荷)改變工作中力的負載情況/在一個工作日內,在一項體力作業中偶爾會出現一系列緊湊、較高體力的負載。	2
不利的:沒有/幾乎沒有由於其他活動(包括其他類型的物理工作負載)改變工作中體力的負載情況/在一個工作日內,在一項體力作業中會頻繁出現一系列緊湊、較高體力的負載,同時伴隨出現高的負載峰值。	4

步驟三:評估

	男	女
施力		
施力對稱 +		
身體姿勢 +		
不利的工作條件(ΣIRP)+		
工作組織/時間分配 +		

結果

男	女

時間權重 × 總和指標評級點數 =

計算出的風險值和下表可作為粗略評估的基礎:				
風險	風險值範圍	負荷強度 *	a) 身體超過負荷的可能性 b) 可能的健康後果	處置方法
	1	<20	低	a) 不太可能會超過身體負荷 b) 預計不會有健康風險	無
	2	20 ≤ < 50	中低	a) 對於耐受力較差的人,有可能超過身體負荷 b) 疲勞、低度適應問題,可於休息時間獲得恢復	對於耐受力較差的人,重新設計工作場所和其他預防措施可能會有所幫助
	3	50 ≤ 100	中高	a) 對於一般耐受力的人,也有可能超過身體負荷 b) 疾病(疼痛),可能包括功能障礙,多數情況下可以恢復,沒有形態上的表現	應考慮重新設計工作場所和採取其他預防措施
	4	≥100	高	a) 很可能超過身體負荷 b) 更明顯的疾病和/或功能障礙,具有病理意義的結構性損傷	工作場所必須重新設計,及考慮採取其他預防措施

* 由於個人的工作技術和工作條件上的差異,風險範圍之間的界限是可變的,因此,分類僅可被視為比較與決策方向的輔助。基本上,必須假設身體超過負荷的機率會隨著風險值的增加而增加。

❖ 附件 8 KIM-BM 用於評估和設計與身體運動相關的體力負荷

KIM-BM —— 用於評估和設計與身體運動相關的體力負荷

工作場所 / 子項活動：		
工作日的持續時間：		評估人員：
子項活動的持續時間：		日期：

步驟一：決定時間權重

本子活動每個工作日的總時間 [達……分]	≤1	>1 ~5	>5 ~10	>10 ~20	>20 ~30	>30 ~45	>45 ~60	>60 ~100	>100 ~150	>150 ~210	>210 ~270	>270 ~360	>360 ~480
時間權重：	1	1.5	2	2.5	3	3.5	4	5	6	7	8	9	10

步驟二：決定其他指標的評級點數

A 沒有設備輔助的身體運動			攜帶重量								
類型		說明	無 / <3kg	3 ~ 10kg	>10 ~ 15kg	>15 ~ 20kg	>20 ~ 25kg	>25 ~ 30 kg	>30 ~ 35kg	>35 ~ 40kg	>40 kg
	行走	慢	4	6	8	10	12	14	25	25	100[1]
		以適中 (一般) 的速度 (3~5km/h)	8	10	12	14	16	18	30	40	
		快速地	12	14	16	18	20	22	35	50	
	爬坡	傾斜角度 <50	10	12	14	16	18	20	35	50	
		傾斜角度 5~15°	12	14	16	18	20	22	35	50	
		傾斜角度 >15°	24	26	28	30	32	34	40	50	
	爬樓梯	普通樓梯	18	20	22	24	26	50	100[1]		
		陡峭的樓梯 (35 ~ 50°)	24	26	28	30	50	100[1]			
		非常陡峭的樓梯 (>50)	30	32	34	50	100[1]				
	爬梯 傾角 65~75°		24	26	50	100[1]					
	攀登 傾斜角度 >80°，垂直上 / 下於鐵台階、垂直梯、人孔梯		30	32	50	100[1]					
	爬行[2]，走路時嚴重彎腰 主要於低天花板房間、隧道、維修平台、渠道中水平地運動		24	26	50	100[1]					

1) 即使暴露時間很短，這種運動和負載的運輸類型組合也會導致風險增加。
2) 對於此類運動，還必須使用 KIM-ABP 的 C 部分評估子項活動。

A 負重中心的位置	承載重量		
	3~15kg	>15~30kg	>30kg
無負重或負重 <3kg，或負重靠近身體以雙肩背負於攜行架或背包中		0	
負重靠近身體以握於手中或單肩背負方式	4	8	12
負重握於手中，與身體保持一段距離[3]	8	12	16

A 軀幹姿勢		承載重量		
		0~15kg	>15~30kg	>30kg
軀幹明顯向前傾和 / 或軀幹扭轉和 / 或可以看出有側彎	偶爾	2	4	6
	頻繁到持續[3]	4	6	8

3) 請注意：如果不利的手臂或軀幹姿勢頻繁或持續地發生，還必須使用 KIM-LHC(負載 >3kg) 或 KIM-ABP(負載 <3kg 評估子項活動。

A 不利的工作狀況 (僅在適用時才指定，表中未提及的指標也應相應地被考慮，罕見的偏差可以忽略。		評級點數
受限：移動空間狹窄 (例如使用安全籠防護墜落)/ 由於可動或傾斜的站立表面 / 沙子 / 礫石路徑而降低穩定性		3
嚴重受限：活動自由受阻 / 缺少專業的攀登輔助設備 (自然條件)/ 野外		5
危急：活動的自由受到狹窄的空間和危險點 / 視野受限 / 沒有休息平台 / 登山 / 呼吸防護設備 / 泥濘地面而嚴重阻礙		15
氣候：極端氣候影響，例如熱、風、雪 (以很少、偶爾 / 頻繁、持續進行分級)	4	8
"受限"、"嚴重受限" 或 "危急" 和 "氣候" 的總和 (如果適用)		

B 以肌肉力量驅動的身體運動

類型	說明	要移動的負載重量，包括運輸設備 [4]		
		<50 kg	>50~150 kg	>150 kg
	慢 <10km/h	3	6	9
	以適中的速度 10 ～ 15km/h	6	10	14
	快速地 >15km/h	9	15	21

車道 -B 的不利工作條件 (僅在適用時才指定，表中未提及的指標也應相應地被考慮，罕見的偏差可以忽略。)	要移動的負載重量，包括運輸設備 [4]		
	<50 kg	>50~150 kg	>150 kg
車道受限：泥土或大致鋪有鵝卵石的車道、坑洼、重度污垢、短上坡路	8	12	16
氣候： 極端氣候影響，如熱、風、雪	很少 / 偶爾		頻繁 / 持續
	4		8
總和			

4) 如果是由電動操作，則額定值必須除以 2(減半)。

工作組織 / 時間 (序) 分配	評級點數
良好：經常由於其他活動 (包括其他類型的體力負荷) 改變工作中體力的負載情況 / 在一個工作日內，在一項體力作業中不存在一系列緊湊、較高體力的負載。	0
受限的：鮮少由於其他的活動 (包括其他類型的體力負荷) 改變工作中力的負載情況 / 在一個工作日內，在一項體力作業中偶爾會出現一系列緊湊、較高體力的負載。	2
不利的：沒有 / 幾乎沒有由於其他活動 (包括其他類型的物理工作負載) 改變工作中體力的負載情況 / 在一個工作日內，在一項體力作業中會頻繁出現一系列緊湊、較高體力的負載，同時伴隨出現高的負載峰值。	4

步驟三：評估

A： 沒有設備輔助的身體運動 (類型，攜帶重量) ☐

負重中心的位置 (僅適用於 A，否則為 0)+ ☐

軀幹扭轉和 / 或側彎 (僅適用於 A，否則為 0)+ ☐

不利工作條件 (僅適用於 A，否則為 0)+ ☐

B： 以肌肉力量驅動的身體運動 (移動的負載重量)+ ☐

車道 (僅適用於 B，否則為 0)+ ☐

工作組織 / 時間分配 A 與 B+ ☐

結果
若為女性員工 ×1.3

| 時間權重 | ☐ | × | 總和指標評級點數： | ☐ | = | 男性 ☐ | ×1.3 | 女性 ☐ |

計算出的風險值和下表可作為粗略評估的基礎：				
風險	風險值範圍	負荷強度 *	a) 身體超過負荷的可能性 b) 可能的健康後果	處置方法
	1	<20	低	a) 不太可能會超過身體負荷 b) 預計不會有健康風險	無
	2	20 ≤ < 50	中低	a) 對於耐受力較差的人，有可能超過身體負荷 b) 疲勞、低度適應問題，可於休息時間獲得恢復	對於耐受力較差的人，重新設計工作場所和其他預防措施可能會有所幫助
	3	50 ≤ 100	中高	a) 對於一般耐受力的人，也有可能超過身體負荷 b) 疾病 (疼痛)，可能包括功能障礙，多數情況下可以恢復，沒有形態上的表現	應考慮重新設計工作場所和採取其他預防措施
	4	≥100	高	a) 很可能超過身體負荷 b) 更明顯的疾病和 / 或功能障礙，具有病理意義的結構性損傷	工作場所必須重新設計，及考慮採取其他預防措施

* 由於個人的工作技術和工作條件上的差異，風險範圍之間的界限是可變的，因此，分類僅可被視為比較與決策方向的輔助。基本上，必須假設身體超負荷的機率會隨著風險值的增加而增加。

❖ 附件 9 KIM-LHC 用於評估和設計超過 3kg 荷重的人工抬舉、握持與攜行作業負荷

KIM-LHC ── 用於評估及設計超過 3 kg 荷重的人工抬舉、握持與攜行作業負荷

工作場所 / 子項活動：			
工作日的持續時間：		評估人員：	
子項活動的持續時間：		日期：	

步驟一：決定時間權重

次數 (≤) [所評估的任務在工作日中的總搬運次數]：	5	20	50	100	150	220	300	500	750	1000	1500	2000	2500
時間權重：	1	1.5	2	2.5	3	3.5	4	5	6	7	8	9	10

步驟二：決定其他指標的評級點數

有效負荷重量 [1]	荷重評級點數 (男性)	荷重評級點數 (女性)
3 up to 5 kg	4	6
> 5 up to 10 kg	6	9
> 10 up to 15 kg	8	12
> 15 up to 20 kg	11	25
> 20 up to 25 kg	15	75
> 25 up to 30 kg	25	85
> 30 up to 35 kg	35	
> 35 up to 40 kg	75	100
>40 kg	100	

1) "有效負荷重量" 是指員工實際必須負擔的體力工作量。當傾斜紙箱時，大約只有 50% 的紙箱重量會形成有效負荷，而當雙人合力搬運時，大約 60% 的負載重量會成為每個人的有效負荷 (由於負載控制和協調方面的需求增加，必須假設有效負荷超過 50%)

負重處理條件	評級點數
使用雙手對稱搬運	0
使用單手暫時性地和 / 或以雙手非對稱、分配不均勻的施力方式搬運	2
主要以單手處理負載或負載的中心 (重心) 不穩定	4

身體姿勢 [2]

所示的圖象可以代表搬運負載的開始或結束姿勢，亦即勤作順序可以是由左到右或由右到左。如果在一個格子中有多個姿勢圖象，表示它們的影響是相等的。除此之外，軀幹的扭轉 / 側彎、負重 / 抓握位置與身體之間有一段距離、雙手高舉和抓握高度過肩的工作都必須被考慮 (額外評級點數)

起始 / 終止	起始 / 終止	評級點數	起始 / 終止	起始 / 終止	評級點數	額外評級點數 (至多 6 點) 僅在相關的情況下適用	
		0			10[3]	偶爾發生可識別的軀幹扭轉和 / 或側彎	+1
						頻繁 / 持續地發生看得來的軀幹扭轉和 / 或側彎	+3
		3			13[3]	負載重心和 / 或手抓握位置偶爾離身體 (胸部) 一段距離 (>17 公分)	+1
						負載重心和 / 或手抓握位置頻繁 / 持續地離身體 (胸部) 一段距離 (>17 公分)	+3[3]
		5			15[3]	偶爾抬起手臂，雙手在肘部和肩部之間的高度	+0.5
						頻繁 / 特續地抬起手臂，雙手在肘部和肩部之間的高度	+1
		7			18[3]	雙手高度偶爾過肩	+1
						雙手高度頻繁 / 持續地過肩	+2[3]
		9[3]			20[3]	姿勢評級點數 + 額外評級點數 (至多 6 點) = 加總	

2) 主要考慮拿起和放下負載時典型的身體姿勢，罕見的偏差可以忽略。如果是在坐姿下進行抬舉或握持的工作，例如移放物件時，應使用與其相應的姿勢圖象。應避免以坐姿執行負載重量高的作業。
3) 請注意：如果選擇此類別，建議也使用 KIM-ABP(身體姿勢) 評估此子項任務！

不利 (友善) 的工作條件 (僅在適用時才指定) 表中未提及的指標也應相對地考慮。可以忽略罕見的偏差。		中間評級點數 (IRP)	Σ IRP
手 / 臂位置和動作：	偶爾達到 (關節) 活動範圍的極限	1	
	頻繁 / 持續地達到 (關節) 活動範圍的極限	2	
施力或力量傳遞受限：負重難以抓握 / 需要 (比正常) 更大的握持力 / 缺乏造形的手柄 / 穿戴工作手套		1	
施力或力量傳遞明顯受阻：負重幾乎無法抓握 / 滑溜、柔軟、鋒利的邊緣 / 沒有把手或不合適的把手 / 穿戴工作手套		2	
不利的環境條件：由不佳的天候條件或由高溫、通風、寒冷、潮濕等所造成的生理負荷		1	
空間條件受限：工作面積小於 1.5 平方公尺，地板中度髒污且略有不平，地面傾斜度小於 5°，穩定性略 受限制，負載必須被精確地放置		1	
空間條件不利：身體活動的自由度明顯受限或活動空間不夠高，在侷限空間中工作，地面很髒、不平或 有租右、台階、坑洞，有 5-10°的陡斜面，穩定性受限，負載必須被非常精確地放置		$2^{4)}$	
衣服：由於所穿戴的衣服或設備而導致額外的體力負荷 (例如穿著厚重雨衣、全身防護服、攜帶呼吸防 護設備、工具帶等)		1	
由於握持 / 攜行造成的困難：負載必須持續握持 5 到 10 秒之間或攜行 2 到 5 公尺之間的距離		2	
由於握持 / 攜行造成的重大困難：必須持續握持負載超過 10 秒或攜行超過 5 公尺的距離		$5^{4)}$	
無：沒有不利的工作條件		0	

4) 請注意：如果在搬運貨物時存在不利的空間條伴，或者必須將貨物搬運超過 10 公尺的距離，則該子項任務應使用 KIM-BM 進行評估！

工作組織 / 時間分配	評級點數
良好：經常由於其他活動 (包括其他類型的體力負荷) 改變工作中體力的負載情況 / 在一個工作日內，在一項體力作業中不存在一系列緊湊、較高體力的負載。	0
受限的：鮮少由於其他的活動 (包括其他類型的體力負荷) 改變工作中力的負載情況 / 在一個工作日內，在一項體力作業中偶爾會出現一系列緊湊、較高體力的負載。	2
不利的：沒有 / 幾乎沒有由於其他的活動 (包括其他類型的物理工作負載) 改變工作中體力的負載情況 / 在一個工作日內，在一項體力作業中會頻繁出現一系列緊湊、較高體力的負載，同時伴隨出現高的負載峰值。	4

步驟三：評估

	男	女
有效負荷重量評級		
負重處理條件 +		
總身體姿勢評級 +		
不友善工作條件評級 (ΣIRP)+		
工作組織 / 時間分配評級 +		

結果 (風險值)

男　女

時間權重	×	總指標評級點數			=		

計算出的風險值和下表可作為粗略評估的基礎：				
風險	風險值範圍	負荷強度 *	a) 身體超過負荷的可能性 b) 可能的健康後果	處置方法
	1	<20	低	a) 不太可能會超過身體負荷 b) 預計不會有健康風險	無
	2	20 ≤　< 50	中低	a) 對於耐受力較差的人，有可能超過身體負荷 b) 疲勞、低度適應問題，可於休息時間獲得恢復	對於耐受力較差的人，重新設計工作場所和其他預防措施可能會有所幫助
	3	50 ≤　100	中高	a) 對於一般耐受力的人，也有可能超過身體負荷 b) 疾病 (疼痛)，可能包括功能障礙，多數情況下可以恢復，沒有形態上的表現	應考慮重新設計工作場所和採取其他預防措施
	4	≥100	高	a) 很可能超過身體負荷 b) 更明顯的疾病和 / 或功能障礙，具有病理意義的結構性損傷	工作場所必須重新設計，及考慮採取其他預防措施

* 由於個人的工作技術和工作條件上的差異，風險範圍之間的界限是可變的，因此，分類僅可被視為比較與決策方向的輔助。基本上，必須假設身體超過負荷的機率會隨著風險值的增加而增加。

With kind permission of Bundesanstalt fur Arbeitsschutz und Arbeitsmedizin, 2019. Translation by Hsieh-Ching Chen

❖ 附件 10 KIM-MHO 用於評估和設計手動處理操作期間的工作負荷

KIM-MHO —— 用於評估和設計手動處理操作期間的工作負荷

工作場所 / 子項活動：			
工作日的持續時間：		評估人員：	
子項活動的持續時間：		日期：	

步驟一：決定時間權重

本子活動每個工作日的總時間 [達……小時]	≤1	2	3	4	5	6	7	8	9	10
時間權重：	**1**	**2**	**3**	**4**	**5**	**6**	**7**	**8**	**9**	**10**

步驟二：決定其他指標的評級點數

在 " 標準分鐘 " 內手指 / 手部區域的施力方式		握持 [1]			移動				
		平均握持時間 [秒 / 分].			平均移動頻率 [次 / 分]				
		31~60	16~30	≤15	<5	5~15	16~30	30~60	61~90[3]
等級 (程度)	說明，典型的例子	評級點數			評級點數				
低	低施力 (≤15% $F_{max}M$) 例如：啟動按鈕 / 換檔 / 整理排序 / 導引物料 / 插入小零件	5.5	3	1.5	0.5	1	2.5	5	7
	中等施力 (≤30% $F_{max}M$) 例如：抓握 / 用手或小工具組裝小工件	9	4.5	2.5	0.5	2	4	7.5	11
	高施力 (≤50% $F_{max}M$) 例如：旋轉 / 纏繞 / 包裝 / 抓取 / 握持或組裝零件 / 壓入 / 切割 / 使用小動分手工具作業	14	7	3.5	1	3	6	12	18
	極高施力 (≤80% $F_{max}M$) 例如：涉及以施力為主所進行的切割 / 以小釘槍工作 / 移動或握持零件或工具	22	11	5.5	1.5	5	10	19	
	峰值施力 [2] (>80% $F_{max}M$) 例如：鎖緊或鬆動螺栓 / 分離 / 壓入	100		35	8	30	100		
高	用力敲擊 (捶打)[2] 以拇指 (球)、手掌或拳頭				8	30			

必須觀察工作週期並分 標註相關施力等紐的評級點數，再將所標註的評級點數 (左右手分開) 加總算出施力的評級點數，後續以其中較高者來計算總評級點數。	施力的評級點數：	左手	右手

1) 僅當一隻手臂連續靜態握持至少 4 秒才，才在評估中考慮為握持 (holdng) 作業的時間！
2) 請注意：如果選擇了這些類別之一，建議也使用 KIM-BF 評估子項活動！這些力根本不應該被施加或能被可靠地施加，尤其是對於女性。
3) 在更高的頻率下，必須採用線性外插得出的風險評分，或者必須使用 KIM-MHO-E 的公式。

力量傳遞 / 抓握條件	評級點數
良好的施力 / 力量傳遞條件：工件容易抓握 (例如有造型握柄、抓握槽)/ 良好的人因抓握設計 (握把、按鈕、工具)	0
受限的施力 / 力量傳遞條件：需要較大的握持施力 / 沒有適合抓握的造型	2
力量傳遞 / 施力明顯受阻：工件幾乎難以抓握 (滑、軟、鋒利的邊緣)/ 缺少或僅有不適當的抓握處	4

手 / 臂位置及動作 [4]		評級點數
	良好：關節的位置或活動位於中等 (放鬆) 的範圍 / 只有罕見的偏離 / 沒有連續 (持續) 性的靜態手臂姿勢 / 可根據需要提供扶手 (手 / 臂支撐)	0
	受限：關節的位置或活動偶爾 (有時候) 會達到活動範圍極限 / 偶爾有長時間連續 (維持) 靜態的手臂姿勢	1
	不良：關節的位置或活動頻繁地達到活動範圍極限 / 經常長時間連續 (維持) 靜態的手臂姿勢	2
	差：關節的位置或活動固定於活動範圍極限 / 持續長時間靜態的手臂姿勢	3

4) 應考慮典型的位置 (姿勢)，可以忽略罕見的偏差 (離)。

不利 (友善) 的工作條件 (僅在適用時才指定)	評級點數
良好：沒有不利的工作條件，亦即是能夠確實地進行細部作業 / 無眩光 / 良好的氣候條件	0
受限：偶爾會因眩光或細節過小而影響細節的辨識 / 偶爾遭遇惡劣的條件，例如通風、寒冷、潮濕和 / 或噪音引起的注意力干擾	1
不利：經常因眩光或細節過小而影響細節的辨識 / 經常遭遇惡劣的條件，例如通風、寒冷、潮濕和 / 或噪音引起的注意力干擾	2

表中未提及的指標也應相應地被考慮。

身體姿勢 / 動作 [5] [6]		評級點數
	- 坐和站立可以交替 / 站立和行走可以交替 / 可以使用動泰坐姿 - 軀幹僅略微前傾 - 看不出來軀幹有扭轉和 / 或側彎 - 頭部姿勢：可變，頭部未向後仰和 / 或嚴重向前傾（低頭）或不斷移動 - 抓握高度未超過肩高 / 抓握距離未遠離身體	0
	- 以坐姿或站姿為主，偶爾走動 - 軀幹與身體略微向工作區域傾斜 - 偶爾可看出軀幹有扭轉和 / 或側彎 - 偶爾頭部有偏離好的 "正中" 姿勢 / 動作 - 偶爾抓握的高度超過肩高 / 偶爾抓握距離與身體有些距離	2
	- 完全站著或坐著不走動 - 軀幹明顯向前傾和 / 或頻繁扭轉和 / 或以可識別的側彎 - 頭部有經常偏離好的 "正中" 姿勢 / 動作 - 頭部姿勢向前彎曲以識別（確認）細節 / 活動的自由受限 - 抓握的高度經常（頻繁）地超過肩高 / 抓握距離經常（頻繁）地遠離身體	4
	- 軀幹嚴重前傾 / 頻繁或長時間維持彎曲 - 以蹲、跪、躺的姿勢進行工作 - 看得出軀幹有不斷扭轉和 / 或側彎 - 身體姿勢被嚴格地固定 / 使用放大鏡或顯微鏡進行目視檢查動作 - 頭部持續地偏離好的 "正中" 姿勢 / 動作 - 持續抓握於超過肩部以上的高度 / 持續抓握於遠離身體的距離	6 [7]

5) 應考慮典型的身體姿勢，可以忽路罕的編差（離）。
6) 如果手動處理操作不是在固定的坐、站、蹲、躺姿勢下進行，而是在運動中（步行、爬行），建議也使用 KIM-BM 評估評估子項活動。
7) 請注意：如果選擇此類別，建議也使用 KIM-ABP 評估此子項活動！

工作組織 / 時間分配	評級點數
良好：經常由於其他活動（包括其他類型的體力負荷）改變工作中體力的負載情況 / 在一個工作日內，在一項體力作業中不存在一系列緊湊、較高體力的負載。	0
受限的：鮮少由於其他的活動（包括其他類型的體力負荷）改變工作中力的負載情況 / 在一個工作日內，在一項體力作業中偶爾會出現一系列緊湊、較高體力的負載。	2
不利的：沒有 / 幾乎沒有由於其他的活動（包括其他類型的物理工作負載）改變工作中體力的負載情況 / 在一個工作日內，在一項體力作業中會頻繁出現一系列緊湊、較高體力的負載，同時伴隨出現高的負載峰值。	4

步驟三：評估

手指 / 手部區域的施力方式 [ ]
力量傳遞 / 抓握條件 + [ ]
手 / 臂位置及動作 + [ ]
不利（友善）的工作條件 + [ ]
身體姿勢 / 動作 + [ ]
工作組織 / 時間分配 + [ ]

[時間權重] × 總指標評級點數：[ ] = [結果（風險值）]

計算出的風險值和下表可作為粗略評估的基礎：

風險		風險值範圍	負荷強度 *	a) 身體超過負荷的可能性 b) 可能的健康後果	處置方法
	1	<20	低	a) 不太可能會超過身體負荷 b) 預計不會有健康風險	無
	2	20 ≤　< 50	中低	a) 對於耐受力較差的人，有可能超過身體負荷 b) 疲勞、低度適應問題，可於休息時間獲得恢復	對於耐受力較差的人，重新設計工作場所和其他預防措施可能會有所幫助
	3	50 ≤　100	中高	a) 對於一般耐受力的人，也有可能超過身體負荷 b) 疾病（疼痛），可能包括功能障礙，多數情況下可以恢復，沒有形態上的表現	應考慮重新設計工作場所和採取其他預防措施
	4	≥100	高	a) 很可能超過身體負荷 b) 更明顯的疾病和 / 或功能障礙，具有病理意義的結構性損傷	工作場所必須重新設計，及考慮採取其他預防措施

* 由於個人的工作技術和工作條件上的差異，風險範圍之間的界限是可變的，因此，分類僅可被視為比較與決策方向的輔助。基本上，必須假設身體超負荷的機率會隨著風險值的增加而增加。

❖ 附件 11 KIM-PP 用於評估和設計手動推拉負載有關的工作負荷

KIM-PP —— 用於評估和設計與手動推拉負載有關的工作負荷

工作場所 / 子項活動：			
工作日的持續時間：		評估人員：	
子項活動的持續時間：		日期：	

步驟一：決定時間權重 (距離，推拉時間)

距離 1) < …公尺 2)	40	200	400	800	1200	1800	2500	4200	6300	8400	11000	15000	20000
時間 1) < …分鐘 2)	≤1	≤5	≤10	≤20	≤30	≤45	≤60	≤100	≤150	≤210	≤270	≤360	≤480
時間權重：	1	1.5	2	2.5	3	3.5	4	5	6	7	8	9	10

1) 假設推拉負載的步行速度約為 0.7m/s(2.5kmh)。 2) 每個子活動和工作日。

步驟二：決定其他指標的評級點數

要移動的負載重量 (包括運輸設備本身重量) [kg]	運輸裝置							高架輸送機	橋式起重機 (天車)
	手推車 3) 4)			台車 (籠車)					
				只有萬向腳輪		具有固定腳輪或可鎖定的萬向腳輪	由徒步者控制		
up to 50	3	2	2.5	2.5	3	1	1	1	1	2
> 50 up to 100	5	3	4	3	4	1	1	1	1	2.5
> 100 up to 200	10	6	7	4	6	2	1.5	1.5	1.5	3.5
> 200 up to 300	50	12	50	5	8	3	2	2	2	4.5
> 300 up to 400		50		7	12	4	3	2.5	2.5	6
> 400 up to 600				12	50	6	5	4	4	10
> 600 up to 800	100		100	50		10	8	7	7	15
> 800 up to 1000		100			100	15	12	10	10	50
> 1000 up to 1300				100		50	50	50	20	100
> 1300						100	100	100	50	

3) 除了推力，評級點數還考慮抬升、傾斜、平衡和放下的施力。
4) 用 KIM-PP 無法區分帶支撐輪的手推車、爬樓梯車和其他特殊設計。
5) 例如帶有簡單車輪軸承的戶外垃圾回收物容器，可能會暴露在各種氣候下。 灰色區域：無法可靠地移動這些負載重量。

車道條件	評級點數		
			台車 (籠車)
車道完全水平、光滑、堅固、乾燥、沒有傾斜	0	0	0
車道大多光滑平整，小的損壞處 / 缺陷，沒有傾斜	0	0	1
鵝卵石、混凝上、瀝青的混合物、輕微傾斜 6)，下陷的路邊	0	1	2
粗鴨卵石、硬沙的混合物，輕微傾斜 6)，小凸緣 / 檻	1	2	3
泥土或大致鋪有鵝卵石的車道、坑洼、嚴重汙、輕微傾斜、棧橋 (裝卸貨)、凸檻	3	5	6
有明顯斜坡或樓梯情況的附加評級點數	傾斜度 2~4° (4~8%)	5	評級點數 + 附加評級點數 = 總點數
	傾斜度 5~10° (9～8%)	10	
	樓梯 7)，傾斜度 >10(18%)	25	

6) 輕微傾斜：≤2 (4%)。 7) 僅適用於使用爬樓梯車。

不利 (不友善) 的工作條件 (僅在適用時才指定)	中間評級點數 (IRP)	Σ IRP (至多 4 點)
因為運輸設備陷入地面或被夾 / 卡住，經常需明顯地加大啟動的力量	3	
頻繁地停靠 (有煞車 / 沒有煞車)	(3/1)	
行進方向彎曲或多變，需 繁有技巧或小心地移動	3	
負載必須被精確定位並停放，必須嚴格地遵守車道	1	
增加移動速度 (約 1.0 ～ 1.3m/s)	2	
無：沒有不利的工作條件	0	

With kind permission of Bundesanstalt fur Arbeitsschutz und Arbeitsmedizin, 2019. Translation by Hsieh-Ching Chen

不利的搬運設備特性 (運輸設備 / 高架輸送機 / 高架起重機)	中間評級點數 IRP	總 IRP (至多 4 點)
沒有合適的把手或構件可供施力	2	
在傾斜度 >2° (>3%) 的坡度上運行時沒有煞車裝置	3	
腳輪未經調整 (例如在柔軟或不平坦的地板上太小)	2	
腳輪有缺陷 (磨損、摩擦 (卡緊)、過硬、胎壓太低)	2	
無：運輸設備沒有不利的特性	0	

身體姿勢 / 身體動作 [8]		評級點數
	• 軀幹直立或略微前傾，無扭曲 • 施力高度可自由選擇 • 腿部未受到阻礙	3
	• 身體向運動方向傾斜，或以單側拉負荷時輕微扭轉軀幹 • 施力高度固定在 0.9 ～ 1.2m 範圍 • 腿部未受到阻礙或僅有輕微阻礙 • 以拖拉為主	5
施力方向 →	• 因以下原因導致的不良身體姿勢 　- 施力高度固定 <0.9 或 >1.2m 　- 在一側施加 向力 　- 視線明顯受阻 • 對腿有嚴重阻礙 • 可看出身體軀幹有頻繁 / 持續扭腰和 / 或側彎	8

8) 此處考慮典型的身體姿勢，若在啟動、煞車和操縱時軀幹出現更大的傾斜，則會由不利 (友不善) 的工作條件考慮到這一點。

工作組織 / 時間分配	評級點數
良好：經常由於其他活動 (包括其他類型的體力負荷) 改變工作中體力的負載情況 / 在一個工作日內，在一項體力作業中不存在一系列緊湊、較高體力的負載。	0
受限的：鮮少由於其他的活動 (包括其他類型的體力負荷) 改變工作中力的負載情況 / 在一個工作日內，在一項體力作業中偶爾會出現一系列緊湊、較高體力的負載。	2
不利的：沒有 / 幾乎沒有由於其他的活動 (包括其他類型的物理工作負荷) 改變工作中體力的負載情況 / 在一個工作日內，在一項體力作業中會頻繁出現一系列緊湊、較高體力的負載，同時伴隨出現高的負載峰值。	4

步驟三：評估

要移動的負載重量 / 運輸裝置 ▢
車道條件 + ▢
不利的工作條件 (∑ IRP) + ▢
不利的搬運設備特性 (∑ IRP) + ▢
身體姿勢 + ▢
工作組織 / 時間分配 + ▢

時間權重	×	總指標評級點數： ▢	若為女性員工 ×1.3	=	風險值
		若為兩人合力推拉 ×0.7			

計算出的風險值和下表可作為粗略評估的基礎：					
風險		風險值範圍	負荷強度 *	a) 身體超過負荷的可能性 b) 可能的健康後果	處置方法
	1	<20	低	a) 不太可能會超過身體負荷 b) 預計不會有健康風險	無
	2	20 ≤ < 50	中低	a) 對於耐受力較差的人，有可能超過身體負荷 b) 疲勞、低度適應問題，可於休息時間獲得恢復	對於耐受力較差的人，重新設計工作場所和其他預防措施可能會有所幫助
	3	50 ≤ 100	中高	a) 對於一般耐受力的人，也有可能超過身體負荷 b) 疾病 (疼痛)，可能包括功能障礙，多數情況下可以恢復，沒有形態上的表現	應考慮重新設計工作場所和採取其他預防措施
	4	≥100	高	a) 很可能超過身體負荷 b) 更明顯的疾病和 / 或功能障礙，具有病理意義的結構性損傷	工作場所必須重新設計，及考慮採取其他預防措施

* 由於個人的工作技術和工作條件上的差異，風險範圍之間的界限是可變的，因此，分類僅可被視為比較與決策方向的輔助。基本上，必須假設身體超負荷的機率會隨著風險值的增加而增加。

With kind permission of Bundesanstalt fur Arbeitsschutz und Arbeitsmedizin, 2019. Translation by Hsieh-Ching Chen

❖ 附件 12　肌肉骨骼傷病調查暨人因工程改善管控追蹤一覽表

執行者：

執行日期：　　　年　　　月　　　日至　　　年　　　月　　　日

危害情形		勞工人數	建議 調職/優先改善/ 改善/管控	危害	檢核表編號	改善方案	是否改善
確診疾病	確診肌肉骨骼傷病	名					
	小　計：	名					
	通報中的疑似肌肉骨骼傷病	名					
	異常離職	名					
有危害	經常性病假、缺工	名					
	經常性索取痠痛貼布、打針、或按摩等	名					
	小　計：	名					
疑似有危害	傷病問卷調查	名					
	小　計：	名					
	以上累計：	名					
無危害		名					
	總　計：	名					
	國外出差：	名					
	全體勞工：	名					

1.5 社會新聞 / 案例判例

流行病學證據不足非屬職業病

❖ 案由

A 為正 O 公司員工，自民國 108 年開始從事配料現場工的工作約 1 年。平均每週工作 6 天，一天工作 8.5 小時。主要工作內容包括確認模單排程量、抄鋼絲圈色線、找料及分料、收廢料、歸位等工作。評估每日約有七成以上的工作時間需久站、久走等足部負擔，依每日工時 8.5 小時計算，每日總累積步數超過 2 萬步。因雙足不適自民國 109 年 2 月開始出現雙足疼痛（左側比右側嚴重），109 年 10 月 14 日至員林○○○醫院持續就診，經員林○○○醫院醫師診療及彰基醫院職業傷病防治中心醫師前往 A 作業現場訪視後，認定長期從事上開工作內容導致「足底筋膜炎」之職業傷害向勞保局申請勞保職業病傷病給付，然勞保局配合之審查醫師以「**久站久走未有充分證據與足底筋膜炎有關**」回覆勞保局，勞保局遂以此為由，駁回原告之申請，A 指因執行職務致罹系爭病症，屬勞工職業災害保險職業傷病審查準則第 3 條第 1 項所定之職業災害，請求正 O 公司給付已支出醫療費用、17 個月平均薪資之工資補償。

❖ 判決結果

（略以），…A 之系爭病症非屬於職業病、職業災害，在雇主支配下就**勞動過程**中發生（即具有**業務遂行性**），且該災害與勞工所擔任之業務間存在相當因果關係（即具有**業務起因性**），亦即**勞工因就業場所或作業活動及職業上原因所造成之傷害**，以**雇主可得控制之危害始有適用**，尤以職業病之認定，除重在職務與疾病間之關聯性（職務之性質具有引發或使疾病惡化之因子）外，尚須**兼顧該二者間是否具有相當之因果關係以為斷**（最高法院 100 年度台上字第 1191 號民事判決意旨參照）。**流行病學證據**：經查詢專業醫學網站（UpToDate），**足底筋膜炎之成因尚且不清楚，可能是多重因素**，可能的危險因子包括肥胖、過長時間的站立或跳躍動作、扁平足、足踝背屈能力減少，**難以建立因果關係之結論**。目前足底筋膜炎並非我國表列職業病之一，其原

因為未有充分流行病學證據之佐證，單一篇或數篇研究結論，並未能足以證明工作與足底筋膜炎之發生有關。

❖ 資料來源

臺灣彰化地方法院 111 年度勞訴字第 19 號民事判決。

1.6 資源（健康服務區域相關資源轉介流程與窗口等）

一、職場健康服務管理工具

1. 財團法人職業災害預防及重建中心，人因危害風險評估工具 KIM 關鍵指標檢核系統 v2.1。

2. 臺北科技大學人因工程相關。

二、輔導諮詢資源

1. 各區勞工健康服務中心（電洽免費諮詢專線 0800-068580 您要幫我幫您）。

2. 職業傷病防治中心。

3. 各地方政府推動中小企業工作環境輔導改善計畫。

三、企業改善工作環境及促進職場勞工身心健康相關補助

勞動部為協助企業營造友善工作環境、推動工作與生活平衡等，每年提供企業相關改善工作環境及促進職場勞工身心健康措施之補助。

1.7 引用 / 資料來源

說明 / 網址	QR
職業安全衛生法 - 勞動部法令查詢系統 https://laws.mol.gov.tw/	
職業安全衛生法設施規則 - 勞動部法令查詢系統 https://laws.mol.gov.tw/	
勞工健康保護規則 - 勞動部法令查詢系統 https://laws.mol.gov.tw/	
勞動部職安署「風險評估技術指引」 https://reurl.cc/p6ppl8	
勞動部職安署「人因性危害預防計畫指引」 https://reurl.cc/11886V	
勞動部職安署「中高齡及高齡工作者作業安全衛生指引」 https://reurl.cc/N0DGbx	
電腦工作桌椅尺寸建議值，勞動部勞動及職業安全衛生研究所 https://reurl.cc/WGbb5L	
關鍵指標法（KIM）適用性分析研究，勞動部勞動及職業安全衛生研究所 https://reurl.cc/ZW22p6	
久站及久走與下肢肌肉疲勞評估技術及改善之研究，勞動部勞動及職業安全衛生研究所 https://reurl.cc/01mm7Y	
人因危害風險評估工具 KIM 關鍵指標檢核系統 v2.1- 財團法人職業災害預防及重建中心 https://www.coapre.org.tw/show_disseminate_resources_detail/RnmaWOdMsDxr#gsc.tab＝0	

MEMO

異常工作負荷促發疾病預防計畫

統整國內外勞工健康保護的方向，除肌肉骨骼不適的議題外，社會發展及相關研究呈現了疲勞促發腦血管及心臟疾病間的關聯，而相較於其他類型的職業病，腦血管及心臟疾病之促發與工作相關性之爭議更大、認定也更為困難。全世界針對職業病種類較有共識者，依國際勞工組織（ILO）之職業病種類表為主，目前 ILO 尚未將腦血管及心臟疾病納入，僅日本、韓國及我國納為職業病保險給付範圍。為減輕職業病認定申請者說明發病經過及與職業相關性的困難，及促進職業病認定程序的迅速化及公正化，日本及韓國均訂定相關認定基準及類似案例解說等來協助判斷。認定基準是蒐集有關**特定疾病**的最新醫學知識，將在**何種複數條件下會造成發病的情形予以歸納**，並定為定型化的基準。因此**符合認定基準要件者**，原則上**視為職業疾病處置**。但是醫學上可判定其症狀明顯為其他疾病時，或發病原因證實為職業以外的原因時，則不在此限。

而我國預計於 114 年進入「超高齡社會」，受人口老化現象持續加劇的影響，我國核心勞動力年齡持續向後遞延，99 年勞動力年齡集中在 25-34 歲，109 年提升至 35-44 歲，預估 119 年將延至 45-54 歲。並由於國人壽命延長，未來 55 歲及以上人口數將持續攀升，預期中高齡人口將因人口減少帶來的勞動短缺壓力，促使參與勞動機會增加，使得該年齡層勞動力大幅成長，預估占總勞動力比率將由 109 年之 16.6%，增加至 119 年之 23.8%。

而腦血管及心臟疾病的疾病共同危險因子：**三高（高血壓、高血糖與高血脂）**，在動脈硬化的發生與病程進展扮演重要的角色，三高為我國常見成人慢性疾病，歷年衛生福利部統計之國人十大死因中，腦心血管性疾病死亡人數加總大於癌症死亡人數，並且核心勞動力年齡持續向後遞延的現況下，會發現異常工作負荷促發疾病的預防，常見在三高等的健康管理。

讓我們來看包含相關疾病的健康管理，事業單位對於過勞的預防管理需要注意那些事項？

2.1 法源依據

- 職業安全衛生法第 6 條第 2 項、第 20 條、第 21 條。

- 職業安全衛生設施規則第 324-2 條。

- 勞工健康保護規則第 9 條、第 11 條、第 20 條。

❖《職業安全衛生法》第 6 條第 2 項

雇主對下列事項，應妥為規劃及採取必要之安全衛生措施：

一、重複性作業等促發肌肉骨骼疾病之預防。

二、**輪班**、**夜間工作**、**長時間工作**等**異常工作負荷**促發**疾病**之預防。

三、執行職務因他人行為遭受身體或精神不法侵害之預防。

四、避難、急救、休息或其他為保護勞工身心健康之事項。

❖《職業安全衛生法》第 20 條

雇主於僱用勞工時，應施行體格檢查；對在職勞工應施行下列健康檢查：

一、一般健康檢查。

二、從事特別危害健康作業者之特殊健康檢查。

三、經中央主管機關指定為特定對象及特定項目之健康檢查。

（略以）

❖《職業安全衛生法》第 21 條

雇主依前條體格檢查發現應僱勞工不適於從事某種工作，不得僱用其從事該項工作。
健康檢查發現勞工有異常情形者，應由醫護人員提供其健康指導；其經醫師健康評估

結果，不能適應原有工作者，應參採醫師之建議，變更其作業場所、更換工作或縮短工作時間，並採取健康管理措施。

（略以）

❖《職業安全衛生設施規則》第 324-2 條

雇主使勞工從事**輪班、夜間工作、長時間工作**等作業，為**避免**勞工因異常工作負荷促**發疾病**，應採取下列疾病預防措施，作成執行紀錄並留存 3 年：

一、**辨識及評估**高風險群。

二、安排**醫師面談**及**健康指導**。

三、調整或縮短**工作時間**及更換**工作內容**之措施。

四、實施健康**檢查、管理及促進**。

五、執行成效之評估及改善。

六、其他有關安全衛生事項。

前項疾病預防措施，事業單位依規定**配置有醫護人員從事勞工健康服務**者，雇主應依勞工**作業環境特性、工作形態及身體狀況**，參照中央主管機關公告之相關指引，**訂定**異常工作負荷促發疾病**預防計畫**，並據以執行；依規定**免配置醫護人員**者，**得**以執行紀錄或文件代替。

❖《勞工健康保護規則》第 9 條

雇主應使醫護人員及勞工健康服務相關人員臨場辦理下列勞工健康服務事項：

一、勞工體格（健康）檢查結果之分析與評估、健康管理及資料保存。

二、協助雇主**選配**勞工**從事適當之工作**。

三、辦理健康檢查結果異常者之追蹤管理及健康指導。

四、辦理未滿 18 歲勞工、有母性健康危害之虞之勞工、職業傷病勞工**與職業健康相關高風險勞工之評估**及**個案管理**。

五、職業衛生或職業健康之相關研究報告及傷害、疾病紀錄之**保存**。

六、勞工之健康教育、衛生指導、身心健康保護、健康促進等措施之**策劃及實施**。

七、**工作相關**傷病之**預防、健康諮詢與急救及緊急處置**。

八、**定期**向雇主**報告及**勞工健康服務之**建議**。

九、其他經中央主管機關指定公告者。

❖《勞工健康保護規則》第 11 條

為辦理前二條所定勞工健康服務，雇主應使醫護人員與勞工健康服務相關人員，配合職業安全衛生、人力資源管理及相關部門人員訪視現場，辦理下列事項：

一、**辨識與評估**工作場所環境、作業及組織內部**影響勞工身心健康之危害因子**，並提出改善措施之建議。

二、提出作業環境安全衛生**設施改善規劃**之建議。

三、**調查**勞工健康情形與作業之**關連性**，並**採取必要**之預防及健康促進**措施**。

四、提供**復工**勞工之**職能評估、職務再設計或調整**之諮詢及建議。

❖《勞工健康保護規則》第 20 條

2.2 參考資料（指引、期刊、研究等）

勞保局勞工保險職業病現金給付人次 - 按職業病成因及行業別分（111 年度）：

依勞工保險局勞工保險職業病現金給付人次統計，現行職業病傷病現金給付人次排序前三位為手臂肩頸疾病（67%）、職業性下背痛（17%）、**腦心血管疾病（4%）**；現

行職業病失能現金給付人次排序前三位為礦工塵肺症及其併發症（43%）、**腦心血管疾病（15%）**、石綿肺症及其併發症（11%）；現行職業病死亡給付人次排序前三位為**腦心血管疾病（82%）**、礦工塵肺症及其併發症（6%）、其他可歸因於職業因素者（6%），充分顯示過勞危害預防的重要性。

❖ 指引

● 勞動部職業安全衛生署「異常工作負荷促發疾病預防計畫」第二版

● 勞動部勞動及職業安全衛生研究所「職業促發腦心血管疾病認定參考指引」第五版

● 勞動部職業安全衛生署「中高齡及高齡工作者作業安全衛生指引」第二版

❖ 研究

中高齡勞工友善健康職場促進研究、中高齡勞工職場風險因子對健康影響之探討、高齡工作者心理健康及肌肉骨骼傷病調查研究。

2.3 作業流程

❖《職業安全衛生設施規則》第 324-2 條

雇主使勞工從事輪班、夜間工作、長時間工作等作業，為避免勞工因異常工作負荷促發疾病，應採取下列疾病預防措施，作成執行紀錄並留存 3 年：

一、辨識及評估高風險群。--- **危害辨識、風險評估**

二、安排醫師面談及健康指導。--- **控制措施**

三、調整或縮短工作時間及更換工作內容之措施。--- **控制措施**

四、實施健康檢查、管理及促進。--- **危害辨識、風險評估、控制措施**

五、執行成效之評估及改善。--- **成效評估**

六、其他有關安全衛生事項。--- **相關法規要求或說明**

危害預防措施可以圖 1 人異常工作負荷促發疾病預防流程圖的 PDCA 架構及參考預防指引流程圖（圖 2 異常工作負荷促發疾病預防作法流程）發想該步驟相關措施與其適用表單，與工作者的權利與義務轉化為依事業單位**工作業環境特性、工作形態及身體狀況**訂定之異常工作負荷促發疾病預防計畫，並據以執行；前述為事業單位**依規定配置**有醫護人員從事勞工健康服務者，雇主**應**訂定異常工作負荷促發疾病預防計畫；若事業單位依規定免配置醫護人員者，一樣要有過勞預防管理機制，考量到事業單位人力及資源有限，得以執行紀錄或文件代替。

如人因危害預防的風險藉由人因工程發展的檢核表評估風險，過勞危害預防的風險，除了工作業環境特性、工作形態，在身體狀況的風險評估上，仰賴醫學領域的心血管疾病風險的評估，相關評估方法不侷限 Framingham risk score 及過勞量表的風險，有些公司針對腦血管及心臟病的風險用三高管理、或代謝症候群等管控腦血管及心臟疾病的危險因子，有些公司選用職安署異常工作負荷促發疾病預防指引的內容，使用 Framingham risk score 或 WHO / ISH 心血管風險預測圖等模式計算 10 年或終身心血管疾病發病風險，前述的身體狀況再與工作業環境特性、工作形態的風險結合，指引以風險矩陣的方式呈現不同風險分級，再依不同風險介入管理措施，上述措施並應注意 PDCA 及法規措施符合程度。

而安排指派為管理單位及管理人員的參考，圖 1 中的「執行人員」意指常態監督、指揮、規劃、和需要會簽等的角色，當然所有工作者都需要配合事業單位制度執行。流程中的風險評估執行人員常見為雇主指派勞工健康服務業務的負責人員。

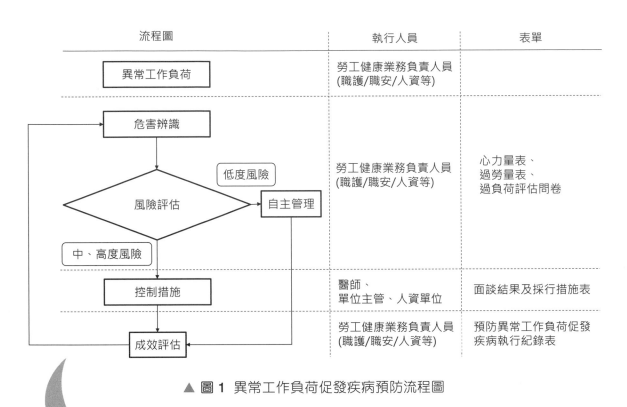

流程圖	執行人員	表單
異常工作負荷	勞工健康業務負責人員 (職護/職安/人資等)	
危害辨識 風險評估（低度風險→自主管理） 中、高度風險	勞工健康業務負責人員 (職護/職安/人資等)	心力量表、 過勞量表、 過負荷評估問卷
控制措施	醫師、 單位主管、人資單位	面談結果及採行措施表
成效評估	勞工健康業務負責人員 (職護/職安/人資等)	預防異常工作負荷促發 疾病執行紀錄表

▲ 圖1 異常工作負荷促發疾病預防流程圖

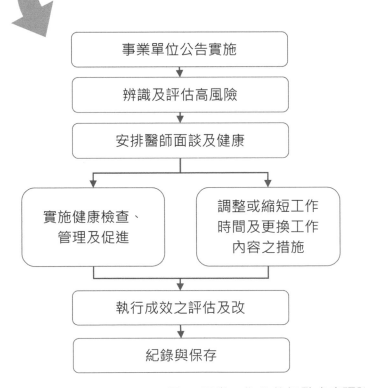

事業單位公告實施

辨識及評估高風險

安排醫師面談及健康

實施健康檢查、管理及促進　　調整或縮短工作時間及更換工作內容之措施

執行成效之評估及改

紀錄與保存

▲ 圖2 異常工作負荷促發疾病預防作法流程

> **TIPS**
>
> 因應目標疾病（腦血管及心臟疾病）的致病機轉與認定基準，依確認目標疾病的風險分級後，高風險群分別介入工作業環境特性、工作形態及身體狀況的管理措施，擬定年度勞工健康服務計畫並據以執行。

壹、前言

促發腦心血管疾病之因子，除個人因素（如原有疾病或生活習慣等）外，亦與工作負荷有關，且流行病學實證研究顯示，輪班、夜間及長時間工作與許多疾病的罹病風險有關，如心肌梗塞、高血壓、糖尿病、肥胖、肌肉骨骼疾病、睡眠障礙、憂鬱、疲勞與其他身心症狀等。研究顯示平均每週工時大於 60 小時相較於 40 至 48 小時者，或平均每天睡眠時間小於 6 小時相較於 6 至 9 小時者，罹患冠狀動脈疾病之風險較高；在控制年齡、性別及社經地位等危險因子變項下，勞工每週工作時數超過 55 小時以上較常態工時（每週 35-40 小時）者，心血管疾病及腦血管疾病將增加 13% 與 33% 之風險。鑑於國內產業結構改變，勞工常面臨工作負荷及精神壓力過重等威脅，長期壓力及工作疲勞累積，如果沒有獲得適當休息及充足睡眠，便可能影響健康及精神狀態，甚而促發腦心血管疾病。

我國屬工時偏高之國家，而部分行業勞工超時工作幾乎成為常態，職業安全衛生法（以下簡稱職安法）第 6 條第 2 項明定雇主使勞工從事輪班、夜間工作及長時間工作，應妥為規劃並採取必要之安全衛生措施，以強化雇主預防勞工過勞之責任。為使事業單位對於預防過勞所採取之相關措施有依循之參據，勞動部公告本指引，提供業界參考運用，確保工作者之工作安全與身心健康。惟本指引之內容並非唯一之方法，事業單位可參照其基本原則及建議性作法、其他先進國家發布之指引或醫學實證，選擇適合其規模及特性之方法規劃與執行。

貳、適用範圍

職業安全衛生法規範之各業別工作者。

參、名詞定義

一、輪班工作：指事業單位之工作型態需由勞工於不同時間輪替工作，且其工作時間不定時日夜輪替可能影響其睡眠之工作。

二、夜間工作：指工作時間於午後 10 時至翌晨 6 時內，可能影響其睡眠之工作。

三、長時間工作：指近 6 個月期間，每月平均加班工時超過 45 小時者。

肆、異常工作負荷促發疾病之預防措施

● 事業單位應在合理可行範圍內，依其規模、工作性質及資源，規劃相關預防計畫及措施。

● 本指引國內外實務作法、我國相關勞動法令規定及臺灣職業安全衛生管理系統（TOSHMS）指引架構（含：政策 、組織設計、規劃與實施、評估及改善措施），提供企業實務規劃參考，協助事業單位運用系統化管理的方法，落實推動異常工作負荷促發疾病之預防。

● 作法與流程可參閱圖2 異常工作負荷促發疾病預防作法流程。

一、政策

事業單位應明確宣示承諾確保勞工身心健康之政策，並會同勞工代表將相關預防輪班、夜間、長時間工作等異常工作負荷促發疾病之預防措施（含勞資雙方之義務）明訂於安全衛生工作守則，且將政策與預防作法，公告周知，以落實勞動法規規範並使所有員工切實遵守。

1. 確保員工之工作時間、休息與休假狀況符合政府勞動規範，並進一步設計能符合工作者需求的工作時間與休假管理制度，以促進員工身心健康與家庭平衡。

2. 落實職場健康管理制度，包括健康評估、健康指導、工作調整、後續追蹤、案例調查等。

3. 積極推廣過勞疾病之預防教育，以多元方式向員工宣導工時規範、職場疲勞相關疾病之預防知識及健康管理策略政策申明零容忍立場，建立無歧視文化。

二、組織設計

1. 雇主應授權指定專責部門或人員，負責統籌規劃異常工作負荷促發疾病預防計畫或措施。

2. 應指派一名高階主管負責督導管理，並推動組織內全體同仁之參與。

3. 可納入職業安全衛生管理計畫，並參照職業安全衛生管理辦法及勞工健康保護規則之規定。

4. 對於事業達一定規模，依勞工健康保護規則需配置從事勞工健康服務醫護人員者，該等醫護人員應統籌並訂定相關作業程序及建置內外部相關資源，惟涉及需其他部門配合者，如職業安全衛生、人資單位或其他相關業務單位之人員應配合協助辦理。

5. 針對事業設有總機構者，可使其各地區事業單位依循總機構之政策或計畫規劃執行。

6. 對於未達需設置職業安全衛生人員或勞工健康服務醫護人員者，可指派內部單位專責人員或透過外部資源協助規劃執行。外部資源可包括主管機關推動之員工協助方案、職安署委託設置之勞工健康服務中心資源，或經勞動部認可之職業安全衛生顧問服務機構。

三、規劃與實施

依職業安全衛生設施規則第 324-2 條規定，雇主須採取預防措施使勞工從事輪班、夜間工作、長時間工作等作業時避免勞工因異常工作負荷促發疾病，預防措施包括：

1. 辨識及評估高風險群。

2. 安排醫師面談及健康指導。

3. 調整或縮短工作時間及更換工作內容之措施。

4. 實施健康檢查、管理及促進。

5. 執行成效之評估及改善。

6. 其他有關安全衛生事項。

    ※1.~5. 項為撰寫異常工作負荷促發疾病預防計畫之必要內容

相關措施如下：

（一）辨識及評估高風險群

1. **推估心血管疾病發病風險程度**，可採用 Framingham risk score，以勞工體格或健康檢查報告之血液總膽固醇、高密度膽固醇、血壓等檢核項目計算 10 年或終身心血管疾病發病風險（表 1 10 年內心血管疾病發病風險程度表）。

▼ 表1 10年內心血管疾病發病風險程度表

10 年內心血管疾病發病風險	風險程度
<10%	低度
10%-20%	中度
20%-30%	高度
>30%	極高

2. 以**過勞量表**評估負荷風險程度：參考勞動及職業安全衛生研究所（以下簡稱勞安所）研發之過勞量表，填寫過勞狀況，評估勞工工作負荷程度（表 2 工作負荷程度表）。

▼ 表2 工作負荷程度表

	個人相關過勞分數	工作相關過勞分數	月加班時數	工作型態
低負荷	<50 分：輕微	<45 分：輕微	<45 小時	表 具 0-1 項
中負荷	50-70 分：中等	45-60 分：中等	45-80 小時	表 具 2-3 項
高負荷	>70 分：嚴重	>60 分：嚴重	>80 小時	表 >4 項

註：四種工作負荷等級不同時，選擇較嚴重者。

3. 利用過負荷評估問卷或依勞工工作型態（表 3 工作型態評估表）評估勞工之每月加班時數、作業環境或工作性質是否兼具有異常溫度環境、噪音、時差、不規律的工作、經常出差的工作哼及伴隨緊張的工作型態，評估勞工工作負荷程度（表 3 工作負荷程度表）。

▼ 表3 工作型態評估表

工作型態		說明
不規則的工作		對預定之工作排程或工作內容經常性變更或無法預估、常屬於事前臨時通知狀況等。例如：工作時間安排，常為前一天或當天才被告知之情況。
經常出差的工作		經常性出差，其具有時差、無法休憩、休息或適當住宿、長距離自行開車或往返兩地而無法恢復疲勞狀況等。
作業環境	異常溫度環境	於低溫、高溫、高溫與低溫間交替、有明顯溫差之環境或場所間出入等。
	噪音	於超過 80 分貝的噪音環境暴露。
	時差	超過 5 小時以上的時差、於不同時差環境變更頻率頻繁等。
伴隨精神緊張的工作		日常工作處於高壓力狀態，如經常負責會威脅自己或他人生命、財產的危險性工作、處理高危險物質、需在一定期間內完成困難工作或處理客戶重大衝突或複雜的勞資紛爭等工作。

4. 綜合評估勞工職業促發腦心血管疾病之風險程度：以前述勞工之個人腦心血管疾病風險與工作負荷情形，綜合評估職業促發腦心血管疾病之風險（表 4 職業促發腦心血管疾病之風險等級表）。

▼ 表4 職業促發腦心血管疾病之風險等級表

職業促發腦心血管疾病風險等級			工作負荷		
			低負荷（0）	中負荷（1）	高負荷（2）
10 年內心血管疾病發病風險	<10%	（0）	0	1	2
	10-20%	（1）	1	2	3
	>20%	（2）	2	3	4

註：1.（ ）代表評分。

    2. 0：低度風險；1 或 2：中度風險；3 或 4 高度風險

透過人資部門或相關單位就輪班、夜間工作、長時間工作等異常工作負荷者及個人風險程度，執行流程參閱圖3異常工作負荷促發疾病高風險群之評估操作流程執行。

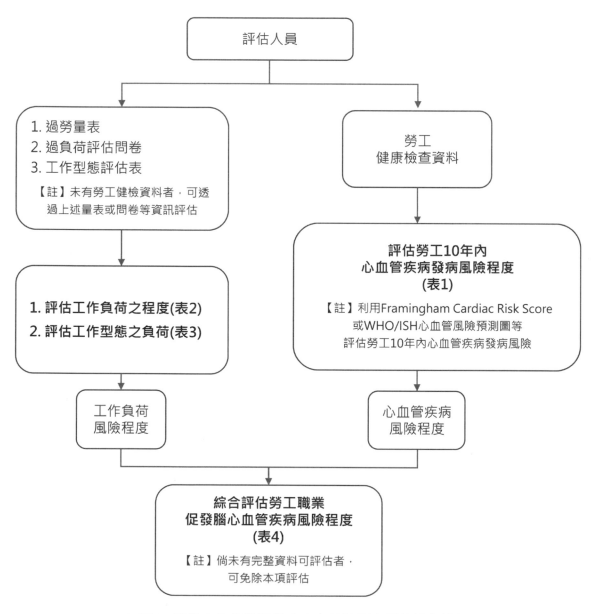

▲ 圖 3 異常工作負荷促發疾病高風險群之評估操作流程

（二）安排醫師面談及健康指導

面談及指導的目的，在於防止高危險群或是有危險性的勞工，因過度操勞而促發腦心血管疾病，並期望達到早期發現、早期治療的目的。

1.　面談及指導的實施者。

2.　面談及指導的場所。

3.　面談指導的對象。

4.　面談指導之注意事項及後續處理。

（三）調整或縮短工作時間及更換工作內容之措施，調整或縮短工作時間、變更工作相關說明應明確。

（四）實施健康檢查、管理及促進。

（五）執行成效之評估及改善。

（六）其他有關安全衛生事項。

四、結語

職場預防異常工作負荷促發疾病發生之作法，應從勞工個人健康促進與管理及工作負荷管理二方面著手。

勞工是企業的資產，事業單位能自主管理，落實職業安全衛生法令規定，採取促進勞工身心健康之相關措施，為勞工打造友善及健康之職場環境，確保勞動者之權益，共創勞資雙贏。

2.3.1　辨識及評估高風險群

腦血管及心臟疾病易受外在環境因素致超越自然進行過程而明顯惡化；其促發因子包括氣溫、運動及工作過重。相關疾病與異常事件、短期工作過重、長期工作過重等工作負荷過重情形，列出判定基準以為相當因果關係有無之客觀判定標準。

▲ 圖 4　判斷職業促發腦血管及心臟疾病（目標疾病）之流程圖

1. 臚列已知與工作負荷過重相關腦血管與心臟疾病，列為**目標疾病**（表 5 目標疾病-腦血管疾病、表 6 目標疾病-心臟疾病）。

▼ 表5 目標疾病-腦血管疾病

腦血管疾病[註]	說明
腦出血	腦內血管破裂使得腦細胞受到血塊的壓迫、浸潤、破壞。大部分因高血壓所引起其他原因包括腦動靜脈瘤破裂、血管炎等。
腦梗塞	由於頸部或腦部的動脈阻塞，導致腦部灌流區域缺血、組織壞死。腦動脈的阻塞包括動脈硬化、心臟血栓或動脈剝離等引起。
蜘蛛膜下腔出血	被覆於腦的蜘蛛膜下面的動脈破裂而發生。多因非外傷性的腦動脈瘤破裂而發生，其他原因包括外傷、血管炎等。
高血壓性腦病變	嚴重的高血壓導致腦部功能急性失調的一種症候群，當血壓被及時且適當的降低之後，腦部功能可以恢復的一種腦病變，但如未能及時處理或處理不當時，可能引起不可逆的腦部病變，甚至造成患者死亡。

註：腦血管疾病（俗稱腦中風）係指由於腦循環受到阻礙，而發生意識、運動、言語等功能障礙的病況，其為廣泛概念性診斷名稱，隨其原因，可分為腦出血、腦梗塞、蜘蛛膜下腔出血及高血壓性腦病變等。

▼ 表6 目標疾病-心臟疾病

心臟血管疾病	說明
心肌梗塞	由於冠狀動脈的阻塞血流減少，心肌因為嚴重缺氧，而發生壞死的狀態。目前有 ST 波段上升型心肌梗塞及非 ST 波段上升型心肌梗塞兩種，皆屬急性冠心症的表現。
急性心臟衰竭	任何心臟機能的異常，使得經心臟、末梢血管流向全身器官組織之血流得不到充分供應，以應付組織代謝的需要量，乃是大部分心臟疾病的末期症狀。
主動脈剝離	主動脈剝離係指血液滲入主動脈血管壁之內膜與肌肉層中間之現象。當主動脈內膜因粥狀硬化等疾病而變得脆弱時，主動脈內膜剝裂而與原有的動脈肌肉層發生分離之現象，致使血液流入主動脈之肌肉層與內膜層之間隙，無法使身體各處器官獲得正常血流供應而致重大傷害。惟不包括因意外事故之急性創傷所引起之主動脈剝離。

心臟血管疾病	說明
狹心症	心肌突然短暫的缺氧和缺血所引起絞痛的疾病，是一種缺血性心臟病（冠狀動脈心臟病）的主要症狀，或稱心絞痛。較嚴重的表現為不穩定心絞痛，則屬急性冠心症之一。
心臟停止	心臟無法搏出血液，而使血液循環停止之狀態。因心臟起因造成的心臟停止，如心肌梗塞、心臟衰竭、心律不整（頻脈或緩脈或停止）、急性心肌炎、心臟破裂等。依國際疾病分類（ICD-10）含心臟停止、心因性猝死或不明原因之心臟停止
心因性猝死	個案在發病後 1 小時內死亡（sudden death），若可歸因於心臟相關原因者。
嚴重心律不整	「心律不整導致猝死等」一直被視為職業原因的對象疾病，但是此疾病的心律不整，例如心室頻脈、心室顫動、病竇症候群、房室結傳導障礙等是造成心臟停止或心臟衰竭症狀等的主要原因，可造成心臟停止、亦可歸因為心因性猝死。

2. 原有疾病自然過程惡化及猝發疾病之潛在危險因子：

(1) 原有疾病、宿因等；腦血管及心臟疾病之發病是患者本身原本即有動脈硬化等造成的血管病變或動脈瘤、心肌病等。如高血壓、動脈硬化（冠狀動脈、腦動脈硬化）、糖尿病、高血脂症（高膽固醇血症）、高尿酸血症、腦動脈瘤、梅毒、心臟肥大、心臟瓣膜疾病等。

(2) 自然過程惡化之危險因子：自然過程指血管病變再老化、飲食生活、飲酒、抽菸習慣等日常生活中逐漸惡化的過程。

- 高齡：血管老化。

- 肥胖：肥胖是動脈硬化的促進因子，對本疾病發生有危險的影響。

- 飲食習慣：攝取高鹽分的飲食習慣會促進高血壓。歐美的高脂肪飲食習慣會促進動脈硬化，成為心臟疾病的原因。

- 吸菸、飲酒：菸槍（每天約 20 支以上）的心肌梗塞發生的危險是沒有吸菸者的 3 倍。

- 藥物作用：如服用避孕藥可能較易發生心血管系統併發症。

(3) 促發疾病之危險因子

腦血管及心臟疾病易受外在環境因素致超越自然進行過程而明顯惡化；其促發因子包括氣溫、運動及工作過重負荷等。

- 氣溫：寒冷、溫度的急遽變化等。

- 運動：運動時耗用更多血氧，原有心臟疾病者供應不及，可能促發缺血性心臟疾病。

- 工作負荷：與工作有關之重度體力消耗或精神緊張（含高度驚愕或恐怖）等異常事件，以及短期、長期的疲勞累積等過重之工作負荷均可能促發。工作負荷因子：不規則工作、工作時間長的工作、經常出差、輪班工作或夜班工作、工作環境（異常溫度、噪音、時差）、伴隨精神緊張的工作。

3. **工作負荷**（表 7 判斷工作負荷的三大指標） 指與工作有關之重度體力消耗或精神緊張（含高度驚愕或恐怖）等異常事件，以及短期、長期的疲勞累積等過重之工作負荷均可能促發本疾病。工作負荷因子有（表 8 工作型態之工作負荷評估）：

(1) 不規則的工作。

(2) 工作時間長的工作（長期工作過重）：評估發病前約 6 個月以內，是否因長時間勞動造成明顯疲勞的累積。

- 加班產生之工作負荷與發病具**極強關連性**。

    ➢ 發病日至發病前 1 個月之加班時數超過 100 小時。

    ➢ 發病日至發病前 2 至 6 個月內，月平均超過 80 小時的加班時數。

- 工作與發病間之關連性，會**隨著加班時數之增加而增強**發病日前 1 至 6 個月，加班時數月平均超過 45 小時。

(3) 常出差的工作。

(4) 輪班工作或夜班工作。

(5) 工作環境（異常溫度環境、噪音、時差）。

(6) 伴隨精神緊張的工作（表 9 伴隨精神緊張的工作負荷程度之評估）。

▼ 表7 判斷工作負荷的三大指標

異常事件	短期工作過重	長期工作過重
承受負荷後 24 小時內發病	發病前（包含發病日）約 1 週內	評估發病前約 6 個月內
1. 精神負荷事件：突發或意料之外的異常事件 2. 身體負荷事件：迫使身體突然承受強烈負荷 3. 工作環境變化事件：急遽且明顯的工作環境變動	1. 評估發病當時至前一天的期間是否特別長時間過度勞動 2. 評估發病前約 1 週內是否常態性長時間勞動 3. 依工作型態評估精神緊張之負荷	1. 發病日至發病前 1 個月之加班時數超過 100 小時 2. 發病日至發病前 2 至 6 個月內，月平均超過 80 小時 3. 發病日前 1 至 6 個月，加班時數月平均超過 45 小時

▼ 表8 工作型態之工作負荷評估

工作型態		評估負荷程度應考量事項
不規律的工作		對預定之工作排程的變更頻率及程度、事前的通知狀況、可預估程度、工作內容變更的程度等。
工作時間長的工作		工作時數（包括休憩時數）、實際工作時數、勞動密度（實際作業時間與準備時間的比例）、工作內容、休息或小睡時數、業務 容、休憩及小睡的設施狀況（空間大小、空調或噪音等）。
經常出差的工作		出差的工作內容、出差（特別是有時差的海外出差）的頻率、交通方式、往返兩地的時間及往返中的狀況、是否有住宿、住宿地點的設施狀況、出差時含休憩或休息在內的睡眠狀況、出差後的疲勞恢復狀況等。
輪班工作或夜班工作		輪班（duty shift）變動的狀況、兩班間的時間距離、輪班或夜班工作的頻率等。
作業環境	異常溫度	低溫程度、禦寒衣物的穿著情況、連續作業時間的取暖狀況、高溫及低溫間交替暴露的情況、在有明顯溫差之場所間出入的頻率等。
	噪音	超過 80 分貝的噪音暴露程度、時間點及連續時間、聽力防護具的使用狀況等。
	時差	5 小時以上的時差的超過程度、及有時差改變的頻率等。

工作型態	評估負荷程度應考量事項
伴隨精神緊張的工作	1. 伴隨精神緊張的日常工作：業務、開始工作時間、經驗、適應力、公司的支援等。 2. 接近發病前伴隨精神緊張而與工作有關的事件：事件（事故或事件等）的嚴重度、造成損失的程度等。 註：可參考表9及「工作相關心理壓力事件引起精神疾病認定參考指引」之附表一「工作場所心理壓力評估表」及附表二「非工作造成心理負荷評估表」之平均壓力強度評估負荷程度。

▼ 表9　伴隨精神緊張的工作負荷程度之評估

（一）日常伴隨精神緊張的工作		
具體的工作	**評估觀點**	
經常負責會威脅自己或他人生命、財產的危險性工作	危險性程度、工作量（勞動時間、勞動密度）、勤奮期間、經驗、適應能力、公司的支援、預估的受害程度等	
有迴避危險責任的工作		
關乎人命、或可能左右他人一生重大判決的工作		
處理高危險物質的工作		
可能造成社會龐大損失責任的工作		
有過多或過分嚴苛的現實工作	勞動內容、困難度、強制性、有無懲罰	工作量（勞動時間、勞動密度）、勤務期間、經驗、適應能力、公司的支援等
需在一定的期間內（如交期等）完成的困難工作	阻礙因素的嚴重性、達成的困難度、有無懲罰、應更交期的可能性等	
負責處理客戶重大衝突或複雜的勞資糾紛	顧客的定位、損害程度、勞資紛爭解決的困難度等	
無法獲得周遭理解或孤立無援狀況下的困難工作	工作的困難度、公司內的立場等	
負責複雜困難的開發業務、或公司重建等工作	企劃案中所持立場、執行困難度等	

（二）接近發病時期所伴隨的精神緊張之工作相關事件	
事件	評估觀點
因職業災害造成嚴重受傷或疾病	職災受害的程度、有無後遺症、回歸社會的困難度等
與發生重大事故及災害直接相關	事故的大小、加害程度等
經歷（目擊）悲慘的事故或災害	事故及受害程度、恐懼感、異常性程度等
被追究重大事故（事件）的責任	事故（事件）的內容、責任歸咎情形、對社會負面影響程度、有無懲罰等
工作上嚴重失誤	失敗的程度、重大性、損害等的程度、有無懲罰等
未達成限時工作內容	限時工作量的內容、達成的困難度、強制性、達成率的程度、有無懲罰等
工作異動（調職、人員轉換、職務轉換、派任等）	工作內容、身分等的變動、異動理由、不利的程度等
與上司、客戶等產生重大紛爭	紛爭發生時的狀況、程度等

2.3.2 安排醫師面談及健康指導

為減少因過度操勞促使目標疾病（腦血管及心臟疾病）惡化或較常模提早發生的可能，面談及指導的目的在於提高勞工自我保健的意識以防止工作上或健康上高危險群或是有危險性的勞工健康惡化，並期望達到早期發現、早期治療的目的。面談指導可依下列條件規劃：

1. 面談及指導的實施者：面談指導由勞健服務醫師負責執行；事業單位未達需設置醫護人員者，可尋求職安署委託設置之各區職業傷病防治中心或勞工健康服務中心資源提供協助。

2. 面談及指導的場所：選擇適當且具隱私的場所，如事業單位的保健室（醫務室）、諮詢室等，若無上開空間，亦可考慮使用小型會議室、休息室、會客室等獨立空間。

3. 面談指導的對象：

   ■ 針對前述評估為高風險者，包括職業促發腦心血管疾病高度風險者，或 10 年內心血管疾病高度風險以上或工作負荷為高負荷等；必要時得視勞工個人情形，將中度風險（負荷）者納入下列面談建議中。

▼ 表10　風險分級與面談建議表

風險分級與面談		腦、心血管疾病風險		
		低	中	高
工作負荷風險	低	不需面談	不需面談	建議面談
	中	不需面談	建議面談	需要面談
	高	建議面談	需要面談	需要面談

   ■ 除前開對象外，若勞工長時間工作造成過度疲勞，且勞工本身對健康感到擔心而主動提出申請者。

4. 面談指導之注意事項及後續處理：

   ■ 面談參考資料：勞工之工作時間（含加班情形）、輪班情形及工作性質、健康檢查結果及作業環境等資訊。

   ■ 面談指導應說明相關事宜，將遵守個資法等相關規定。

   ■ 高風險者須視勞工不同狀況給予個別性安排。

   面談後依勞工之個別性提出面談結果及處理措施報告或紀錄，並且保存 3 年；該面談結果可將之依「診斷」、「指導」及「工作」區分為 3 類，如下圖 5 異常工作負荷促發疾病預防控制措施。

   ■ 面談指導結果，如需提出工作限制時，醫師必須仔細向勞工說明，該判斷的理由與預期的經過等，取得勞工的了解與同意之後，再向事業單位提出報告。尤其是心理健康方面的問題，更是重要。

2.3.3 調整或縮短工作時間及更換工作內容之措施

❖ 相關說明應明確

事業單位參照醫師根據面談指導結果所提出的必要處置，採取相關措施，並留存紀錄。若勞工經醫師專業說明，仍不願意配合工作調整，必要時，建議納入安全衛生工作守則，據以使事業單位勞工遵循。

● 醫師所提出之工作時間調整或變更工作等後續建議措施，必須是勞工與管理者雙方都能了解與接受的內容；另，若此工作之調整涉及勞動契約內容，應依勞動基準法之規定辦理，以避免勞資爭議。

1. 調整或縮短工作時間：儘量填寫數字或是具體表述，可採以 1 個月為目標實施縮短工作時間，必要時於 1 個月後再次進行面談，依個案身心健康情形，重新判定是否需予調整。

   ■ 限制加班，如每個月許可加班若干小時。

   ■ 不宜加班，讓勞工依規定工作時間（不超過 8 小時）工作。

   ■ 限制工作時間，如每天幾點到幾點可以工作，只能工作幾小時或不能上夜班、不能輪班或減少輪班頻率等。

   ■ 不宜繼續工作，檢查結果出現明顯異常，或治療中的疾病出現急速惡化的情形，必須住院治療。休養期間結束後，需重新面談，確認已經恢復或參考其主治醫師的判定後做出決定。

   ■ 其他，如不適合責任制或其他工作時間外之臨時交辦工作，如網路軟體交辦工作，或配合家庭因素，如接送子女等彈性調整工作時間。

2. 變更工作：需與現場負責人交換意見，且為可執行的內容。

   ■ 變更工作場所：若勞工與主管之間的人際關係不佳，或是不適應工作場所等，使其強烈感受工作造成嚴重的身心負荷，甚至喪失工作意願，或勞工因作業環境、作業狀態、業務責任感的問題造成其工作負擔，則可考慮變更工作場所，惟對於勞工來說，一旦工作場所變更，就必須適應新的工作環境與新的人際關係，新職務的壓力或許更大，所以需與勞工充分溝通並尊重其意見。

- 變更工作內容：轉調部門或轉換工作。為了降低勞工職務負擔而須轉換（減少／變更）作業時，需勞資雙方充分交換意見。若勞工為生產線的工作，可以讓其負責輔佐作業型的補充工作，或是擔任比目前職務負擔更輕的工作，或考慮調整為身體負擔較輕的事務性工作。

- 變更工作型態：從事相同的工作內容，但需調整工作之型態。從輪班制的工作（包含夜班）調整為正常班別，或減少夜班次數、換成白班，或減少不規律工作之安排等；尤其是針對正在就醫中的勞工，若醫師指示必須保持規律生活或是嚴格遵守服藥規定，或心理健康失調時，建議應該採取此措施。

其他，如調整出差頻率及範圍、調整勞動密度、休息時間、作業環境改善（如空調或噪音等）。

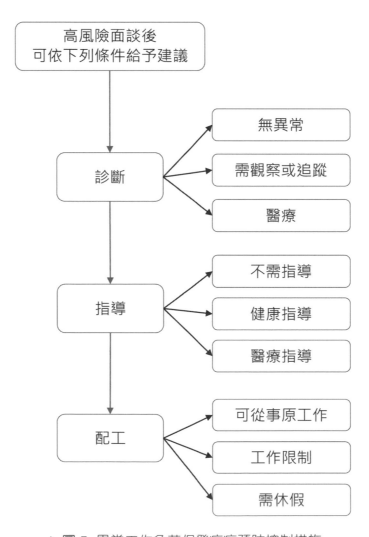

▲ 圖 5　異常工作負荷促發疾病預防控制措施

2.3.4 實施健康檢查、管理及促進

依據職業安全衛生法第 20 條，雇主於僱用勞工時，應施行體格檢查；對在職勞工應施行一般健康檢查、從事特別危害健康作業者之特殊健康檢查或經中央主管機關指定為特定對象及特定項目之健康檢查。

	在職勞工		新進勞工	
類別	一般健康檢查	特殊健檢	一般體格檢查	特殊體檢
檢查時間	65 歲↑歲每年 1 次 40~65 歲每 3 年 1 次 40 歲↓每 5 年 1 次	每年 1 次	受僱時若能提出不超過年限之一般健康檢查可取代此證明	受僱時
費用負擔	雇主	雇主	勞雇雙方協議	雇主

若勞工經評估為高風險族群，可洽詢醫師加強其健檢項目或頻率，惟此措施**非職業安全衛生法所強制規定之措施**，事業單位除須依個資法之規定辦理外，相關經費之支應，亦須經勞資雙方協商，避免後續爭議。

針對健康檢查之結果，建議醫護或相關人員依勞工健康保護規則第 9 條規定，分析事業單位各部門及勞工個人之檢查結果，並與歷年（至少近 2 年）比較。為利以系統化方式管理及分析勞工健康檢查結果，可參考運用職安署開發之「職場健康服務管理系統 weCare」。

（配合職業安全衛生專業資源整合及財團法人職業災害預防及重建中心統籌勞工健康服務專業資源推動及整合之功能與角色，相關工具可至職安署財團法人職業災害預防及重建中心下載 https://www.coapre.org.tw/#gsc.tab=0）。

此外，為促進勞工健康，事業單位可就異常發現率及勞工健康檢查紀錄表之生活習慣等統計之分析結果規劃健康促進計畫，相關內容可參考衛生福利部國民健康署健康職場資訊網網站。（https://health.hpa.gov.tw/hpa/info/index.aspx）。

● 上述健康檢查統計結果之資訊及健康促進計畫之內容，可公開使事業單位所有同仁周知，促使勞資雙方重視身心健康及提升健康促進計畫參與率。針對勞工個人檢查結果異常之項目，事業單位參照醫師之建議提醒或安排勞工複檢追蹤，並可依前述風險因子評估之結果或經醫師面談後風險等級之調整，高、中、低風險參考職業促發腦心血管疾病之風險等級矩陣予以下表 11 健康指導及管理，至健康管理及後續紀錄之處理措施，可參考下述原則規劃，惟各事業單位可依個別之人力、物力及財力等相關資源採取更周延之管理措施。

▼ 表11　健康指導及管理

職業促發腦、心血管疾病風險等級		健康管理措施
低度風險	0	不需處理，可從事一般工作。
中度風險	1	建議改變生活型態，注意工時的調整，至少每年追蹤一次。
	2	建議改變生活型態，考慮醫療協助，調整工作型態，至少每半年追蹤一次。
高度風險	3	建議尋求醫療協助及改變生活型態，需工作限制，至少每 3 個月追蹤一次。
	4	建議尋求醫療協助及改變生活型態，需工作限定，至少每 1 至 3 個月追蹤一次。

● 健康檢查及面談指導紀錄之處理。

■ 依循之法規：須依職業安全衛生法第 20 條、職業安全衛生法施行細則第 30 條及勞工健康保護規則第 14 條至第 19 條及第 21 條規定辦理。

■ 紀錄之保管：相關保管應符合個資法之規定。

2.3.5　執行成效之評估及改善

成效評估之目的在於檢視所採取之措施是否有效，並檢討執行過程中之相關缺失，做為未來改進之參考。可由護理人員追蹤個人風險子之改善情形，若無法短期改善或持

續惡化之勞工，須再次由醫師進行面談指導；對於環境因子無法短期改善或持續惡化之作業環境，須由職業安全衛生人員或相關人員再次提供改善建議，甚而尋求外部專業團隊協助。以下量化指標可作為成效評估之考量，然相關指標仍視各事業單位推動計畫之需求而定。

- 針對事業單位內所有具高風險勞工接受面談與指導之參與率、請假天數、複檢追蹤率及生活習慣改變情形等，如定時運動、健康飲食、戒菸率等。

- 高風險勞工之比率，如高風險勞工減少 5%。

- 事業單位勞工參與職場健康促進計畫之達成率、滿意度等。

- 事業單位勞工健康檢查之參與率及異常發現率。

- 個別高風險勞工檢查異常值之改變情形，如膽固醇降低 20mg/dl 等。

- 作業環境之改善情形，如噪音值降低 15dB 等。

為了持續推動事業單位輪班、夜間工作、長時間工作等異常工作負荷促發疾病之預防工作，相關計畫推動之成果宜定期由勞工健康服務人員列席於職業安全衛生委員會報告，對於未能達績效指標之缺失，亦可透過會議檢討研議改善之對策，俾利勞資雙方共同重視。

2.3.6　其他有關安全衛生事項

- 事業單位依規定配置有醫護人員從事勞工健康服務者訂定計畫並執行；依規定免配置醫護人員者可以紀錄／文件代替。

- 事業單位經辨識評估具有輪班、夜間工作、長時間工作等**異常工作負荷**之高風險族群者，建議於職業安全衛生管理計畫之緊急應變措施納入有關急性腦心血管疾病（如心肌梗塞或腦中風等）促發之緊急應變流程及緊急救護醫院名單；就醫院救護名單方面，建議以具備緊急心導管處置及腦中風急救能力之醫療院所作為必要時緊急後送之急救單位，後送之交通時間以 1 至 3 小時內可送達之醫療機構為優先考量。另建議事業單位可依其規模、需求及相關人力資源等，設置自動體外心臟去顫器（Automated External Defibrillator, AED），以供必要時使用。

2.3.7 表單

❖ **附表 1 預防輪班、夜間工作、長時間工作等異常工作負荷促發疾病執行紀錄表**

執行項目	執行結果（人次或%）	備註（改善情形）
辨識及評估高風險群	具異常工作負荷促發疾病高風險者___3___人	
安排醫師面談及健康指導	1. 需醫師面談者___2___人 　1.1 需觀察或進一步追蹤檢查者___1___人 　1.2 需進行醫療者___1___人 2. 需健康指導者___3___人 　2.1 已接受健康指導者___1___人	
調整或縮短工作時間及更換工作內容	1. 需調整或縮短工作時間___0___人 2. 需變更工作者___0___人	
實施健康檢查、管理及促進	1. 應實施健康檢查者___127___人 　1.1 實際受檢者___127___人 　1.2 檢查結果異常者___25___人 　1.3 需複檢者___2___人 2. 應定期追蹤管理者___41___人 3. 參加健康促進活動者___63___人	
執行成效之評估及改善	1. 參與健康檢查率___100___% 2. 健康促進達成率___80___% 3. 與上一次健康檢查異常結果項目比較，異檢率___膽固醇下降2___% 　（上升或下降） 4. 環境改善情形：___無___（環測結果）	
其他事項		

註：本表執行結果為例舉，事業單位得依需求修正與增列。

執行者：　　　　　　主管：　　　　　　年　　　月　　　日

❖ 附表 2 過勞量表

個人評估工具（包含「個人相關過勞」及「工作相關過勞」狀況）		
單位：研磨組	工號 / 姓名：E20203/ 林小寶	日期：2023/01/10

（一）個人相關過勞分量表

1. 你常覺得疲勞嗎？

   ☐ (1) 總是　☑ (2) 常常　☐ (3) 有時候　☐ (4) 不常　☐ (5) 從未或幾乎從未

2. 你常覺得身體上體力透支嗎？

   ☐ (1) 總是　☐ (2) 常常　☐ (3) 有時候　☑ (4) 不常　☐ (5) 從未或幾乎從未

3. 你常覺得情緒上心力交瘁嗎？

   ☐ (1) 總是　☐ (2) 常常　☐ (3) 有時候　☑ (4) 不常　☐ (5) 從未或幾乎從未

4. 你常會覺得，「我快要撐不下去了」嗎？

   ☐ (1) 總是　☐ (2) 常常　☐ (3) 有時候　☑ (4) 不常　☐ (5) 從未或幾乎從未

5. 你常覺得精疲力竭嗎？

   ☐ (1) 總是　☐ (2) 常常　☐ (3) 有時候　☑ (4) 不常　☐ (5) 從未或幾乎從未

6. 你常常覺得虛弱，好像快要生病了嗎？

   ☐ (1) 總是　☐ (2) 常常　☐ (3) 有時候　☑ (4) 不常　☐ (5) 從未或幾乎從未

（二）工作相關過勞分量表

1. 你的工作會令人情緒上心力交瘁嗎？

   ☐ (1) 很嚴重　☐ (2) 嚴重　☐ (3) 有一些　☑ (4) 輕微　☐ (5) 非常輕微

2. 你的工作會讓你覺得快要累垮了嗎？

   ☐ (1) 很嚴重　☐ (2) 嚴重　☐ (3) 有一些　☑ (4) 輕微　☐ (5) 非常輕微

3. 你的工作會讓你覺得挫折嗎？

   ☐ (1) 很嚴重　☐ (2) 嚴重　☐ (3) 有一些　☑ (4) 輕微　☐ (5) 非常輕微

4. 工作一整天之後，你覺得精疲力竭嗎？

☐ (1) 總是　☐ (2) 常常　☐ (3) 有時候　☑ (4) 不常　☐ (5) 從未或幾乎從未

5. 上班之前只要想到又要工作一整天，你就覺得沒力嗎？

☐ (1) 總是　☐ (2) 常常　☐ (3) 有時候　☑ (4) 不常　☐ (5) 從未或幾乎從未

6. 上班時你會覺得每一刻都很難熬嗎？

☐ (1) 總是　☐ (2) 常常　☐ (3) 有時候　☑ (4) 不常　☐ (5) 從未或幾乎從未

7. 不工作的時候，你有足夠的精力陪朋友或家人嗎？

☐ (1) 總是　☑ (2) 常常　☐ (3) 有時候　☐ (4) 不常　☐ (5) 從未或幾乎從未

計分：

A. 將各選項分數轉換如下：（1）100　（2）75　（3）50　（4）25　（5）0。

B. 個人相關過勞分數－將第 1~6 題的得分相加，除以 6，可得個人相關過勞分數。

C. 工作相關過勞分數－第 1~6 題分數轉換同上，第 7 題為反向題，分數轉換為：（1）0　（2）25　（3）50　（4）75　（5）100。將 1~7 題之分數相加，除以 7，可得工作相關過勞分數。

分數解釋：

疲勞類型	分數	分級	解釋
個人相關過勞	50 分以下	輕微	您的過負荷程度輕微，您並不常感到疲勞、體力透支、精疲力竭、或者虛弱好像快生病的樣子。
	50 － 70 分	中度	你的個人過負荷程度中等。您有時候感到疲勞、體力透支、精疲力竭、或者虛弱好像快生病的樣子。建議您找出生活的壓力源，進一步的調適自己，增加放鬆與休息的時間。
	70 分以上	嚴重	您的個人過負荷程度嚴重。您時常感到疲勞、體力透支、精疲力竭、或者虛弱好像快生病的樣子。建議您適度的改變生活方式，增加運動與休閒時間之外，您還需要進一步尋找專業人員諮詢。
工作相關過勞	45 分以下	輕微	您的工作相關過負荷程度輕微，您的工作並不會讓您感覺很沒力、心力交瘁、很挫折。
	45 － 60 分	中度	您的工作相關過負荷程度中等，您有時對工作感覺沒力，沒有興趣，有點挫折。
	60 分以上	嚴重	您的工作相關過負荷程度嚴重，您已經快被工作累垮了，您感覺心力交瘁，感覺挫折，而且上班時都很難熬，此外您可能缺少休閒時間，沒有時間陪伴家人朋友。建議您適度的改變生活方式，增加運動與休閒時間之外，您還需要進一步尋找專業人員諮詢。

（資料來源：勞動部勞動及職業安全衛生研究所過勞自我預防手冊）

❖ 附表 3 過負荷評估問卷

填寫日期：＿＿＿ 年 ＿＿＿ 月 ＿＿＿ 日

一、基本資料

姓名	林小寶	性別	☑ 男　　□ 女
出生日期	62 年 3 月 21 日	婚姻狀態	☑ 未婚　□ 已婚　□ 離婚　□ 鰥寡
工作部門	研磨組	年資	4 年 3 月
職稱	作業員		

二、個人過去病史（經醫師確定診斷，可複選）

□ 心臟循環系統疾病

　　（□ 心痛　□ 冠心病　□ 心肌梗塞　□ 接受心導管支架手術　□ 曾接受冠狀動脈繞道手術

　　□ 冠狀動脈疾病接受藥物治療　☑ 高血壓　□ 心律不整　□ 其他＿＿＿＿＿＿＿＿＿＿）

□ 腦中風　　　　　　　　□ 血脂肪異常

□ 睡眠相關呼吸疾病（如睡眠呼吸中止症）　□ 中樞神經系統疾病（如癲癇、脊椎疾病）

☑ 周邊神經系統疾病（如腕隧道症候群）　□ 情感或心理疾病

□ 眼睛疾病（不含可以矯正之近視或遠視）　□ 聽力損失

□ 上肢或下肢疾病（如會導致關節僵硬、無力等症狀之疾病）

□ 糖尿病　　　　　　　□ 氣喘　　　　　□ 長期服藥，藥物名稱：＿＿＿＿＿＿＿＿＿

□ 其他＿＿＿＿＿＿＿＿＿＿＿＿＿＿＿　□ 以上均無

三、家族史

☑ 無

□ 一等親內的家屬（父母、祖父母、子女）男性於 55 歲、女性於 65 歲前發生狹心症或
　心絞痛

□ 家族中有中風病史

□ 其他＿＿＿＿＿＿＿＿＿＿＿＿＿＿＿＿＿＿＿＿＿＿＿＿＿＿＿＿＿＿＿＿＿＿＿＿＿

四、生活習慣史

1. 抽菸　□無　□有（每天＿＿＿＿＿＿包、共＿＿＿＿＿＿年）☑已戒菸＿＿3＿＿年

2. 檳榔　☑無　□有（每天＿＿＿＿＿＿顆、共＿＿＿＿＿＿年）□已戒＿＿＿＿＿＿年

3. 喝酒　☑無　□有（總類：＿＿＿＿＿＿　頻率：＿＿＿＿＿＿）

4. 用餐時間不正常　☑否　□是；外食頻率　□無　□一餐　□兩餐　□三餐

5. 自覺睡眠不足　☑否　□是（工作日睡眠平均＿＿＿＿＿＿小時/日；
   假日睡眠平均＿＿＿＿＿＿小時/日）

6. 運動習慣☑無　□有（每週＿＿＿＿＿＿次、每次＿＿＿＿＿＿分）

7. 其他＿＿＿＿＿＿＿＿＿＿＿＿＿＿＿＿＿＿＿＿＿＿＿＿＿＿＿＿＿

五、健康檢查項目

1. 身體質量數＿＿28.37＿＿（身高＿＿170＿＿公分；體重＿＿82＿＿公斤）

2. 腰圍＿＿＿95＿＿＿（男性＜90；女性＜80）

3. 脈搏＿＿＿81＿＿＿

4. 血壓＿＿142＿＿/＿＿90＿＿（收縮壓＜120mmHg、舒張壓＜80 mmHg）

5. 總膽固醇＿＿221＿＿（＜200mg/dL）

6. 低密度膽固醇＿＿117＿＿（＜100 mg/dL）

7. 高密度膽固醇＿＿51＿＿（男性≧40 mg/dL；女性≧50 mg/dL）

8. 三酸甘油脂＿＿271＿＿（＜150 mg/dL）

9. 空腹血糖＿＿110＿＿（＜100 mg/dL）

10. 尿蛋白＿＿-＿＿（陰性）

11. 尿潛血＿＿-＿＿（陰性）

六、工作相關因素（工作時數及輪班等資料可由人資部門提供）

1. 工作時數：平均每天__9__小時；平均每週__45__小時；平均每月加班__20__小時

2. 工作班別：□白班　　□夜班
   ☑輪班（☑定期　　□不定期；輪班方式_____）

3. 工作環境（可複選）：

   □噪音（_____分貝）　　□異常溫度（高溫約_____度；低溫約_____度）
   □通風不良
   □人因工程設計不良（如：座椅、震動、搬運等）　　☑以上皆無

4. 日常伴隨緊張之工作負荷（可複選）

   □經常負責會威脅自己或他人生命、財產的危險性工作

   □有迴避危險責任的工作

   □關乎人命、或可能左右他人一生重大判決的工作

   □處理高危險物質的工作

   □可能造成社會龐大損失責任的工作

   □有過多或過分嚴苛的限時工作

   □需在一定的期間內（如交期等）完成的困難工作

   □負責處理客戶重大衝突或複雜的勞資紛爭

   □無法獲得周遭理解或孤立無援狀況下的困難工作

   □負責複雜困難的開發業務、或公司重建等工作

   ☑以上皆無

5. 有無工作相關突發異常事件（如近期發生車禍、車子於行駛中發生重大故障等）

   □無　　☑有（說明：_____）

6. 工作環境中有無組織文化、職場正義問題（如職場人際衝突、部門內部溝通管道不足等？）

   ☑無　　□有（說明：_____）

7. 對預定之工作排程或工作內容經常性變更或無法預估、常屬於事前的通知狀況等？

   ☑無　　□有（說明：_____）

8. 經常性出差，其具有時差、無法休息、休息或適當住宿、長距離自行開車或往返兩地而無法恢復疲勞狀況等？

   ☑無　　□有（說明：_____）

七、非工作相關因素

1. 家庭因素問題　☑ 無　　□ 有（說明：＿＿＿＿＿＿＿＿＿＿＿＿＿＿＿＿＿＿）

2. 經濟因素問題　☑ 無　　□ 有（說明：＿＿＿＿＿＿＿＿＿＿＿＿＿＿＿＿＿＿）

八、過負荷評估

1. 心血管疾病風險：□ 低度風險　　☑ 中度風險　　□ 高度風險　　□ 極高風險
   □ 其他：＿＿＿＿＿＿＿＿＿＿＿＿＿＿＿＿＿＿＿＿＿＿

2. 工作負荷風險：☑ 低負荷　　□ 中負荷　　□ 高負荷　　□ 其他：＿＿＿＿＿＿＿＿

3. 過負荷綜合評估：☑ 低度風險　　□ 中度風險　　□ 高度風險　　□ 其他：＿＿＿＿＿

評估人員職稱 / 簽名：林佳佳　　　　　　　　　　　2023　年　3　月　20　日

❖ 附表 4 醫師面談結果及採行措施表

面談指導結果			
（員工編號） 姓　　名	E2023/ 林小寶	服務單位	研磨組
（員工編號） 姓　　名	E2023/ 林小寶	☑男　□女	年齡　50　歲
疲勞累積狀況	□無　　　　　☑輕度 □中度　　　　□重度	特殊記載事項	血壓、 飯前血糖、 膽固醇、 三酸甘油脂
應顧慮的身心狀況	☑無　　　　　□有		
判定區分	診斷區分：□無異常　　☑需觀察 □需醫療		
判定區分	工作區分：☑一般工作　　□工作限制 □需休假	需採取後續相關措施否	☑否　　　□是 請填寫採行措施建議
判定區分	指導區分：□不需指導　　☑要健康指導 □需醫療指導	需採取後續相關措施否	☑否　　　□是 請填寫採行措施建議

醫師姓名：趙前孫　　　　　　　　　2023　年　6　月　25　日（實施年月日）

採行措施建議			
工作上採取的措施	調整工作時間	□限制加班，最多＿＿＿＿小時／月	□減少輪班頻率
		□不宜加班	□不宜繼續工作（指示休假、休養）
		□限制工作時間＿＿＿時＿＿＿分	□其他
	變更工作	□變更工作場所（請敘明：＿＿＿＿＿＿＿＿＿＿＿）	
		□轉換工作（請敘明：＿＿＿＿＿＿＿＿＿＿＿）	
		□減少大夜班次數（請敘明：＿＿＿＿＿＿＿＿）	
		□轉換為白天的工作（請敘明：＿＿＿＿＿＿＿＿＿	
		□其他（請敘明：＿＿＿＿＿＿＿＿＿＿＿＿）	
	措施期間	□日／週／月　　□（下次面談預定日　　年　　月　　日）	
建議就醫			
備註			

註：本表為例舉，事業單位得依需求修正與增列。

醫師姓名：＿＿＿＿＿＿＿＿＿＿＿＿＿＿＿年＿＿＿＿＿月＿＿＿＿＿日（實施年月日）

部門主管：

2.4 實作範例

異常工作負荷促發疾病預防計畫

112 年 OO 月 OO 日修訂[註1]

一、目的

依據職業安全衛生法第 5 條、第 6 條第 2 項，明確規範雇主使勞工從事輪班、夜間工作及長時間工作等工作，應在合理可行範圍內採取必要之預防設備或措施以預防工作負荷促發疾病，進而確保勞工之工作安全與身心健康。

二、適用對象

本公司（事業單位）全體工作者。

三、定義

（一）異常工作負荷

與工作有關之重度體力消耗或精神緊張（含高度驚愕或恐怖）等異常事件，以及短期工作過重、長期工作過重的疲勞累積等過重之工作負荷均可能促發本疾病。

（二）輪班工作

指該工作時間不定時輪替可能影響其睡眠之工作，如工作者輪換不同班別，包括早班、晚班或夜班工作。

（三）夜間工作

工作時間於晚上 22：00 時至隔日早上 06：00 期間，可能影響期睡眠之工作者。

註 1　程序書撰寫建議洽詢事業單位內部文件管理者或文件管理單位，確認修訂、生效日等文件格式。

（四）長時間工作：係指下列情形之一者

1. 發病前 1 個月內之加班時數超過 100 小時。

2. 發病前 6 個月內之前 2 個月、前 3 個月、前 4 個月、前 5 個月、前 6 個月之任一期間的月平均加班時數超過 80 小時。

3. 發病前 6 個月內之前 1 個月、前 2 個月、前 3 個月、前 4 個月、前 5 個月、前 6 個月之月平均加班時數超過 45 小時。

（五）其他異常工作負荷

經常出差的工作、工作環境（異常溫度環境、噪音、時差）及伴隨精神緊張之日常工作負荷與工作相關事件。

四、職責

（一）勞工健康服務護理人員 (下稱職護)/ 職業安全衛生人員 (下稱職安人員)

1. 統籌、規劃、執行，並依需求更新異常工作負荷促發疾病預防計畫。

2. 依據相關促發疾病因子協助辨識危害、評估風險。

3. 根據評估風險，安排高風險者與勞工健康服務醫師 (下稱勞健服務醫師) 進行面談與健康指導。

4. 依風險評估結果與參酌勞健服務醫師建議，提供高風險者工作調整、更換及作業改善措施之建議。

（二）部門單位主管

1. 參與並協助預防計畫之規劃、推動與執行。

2. 協助預防計畫之風險評估。

3. 協助調度員工參與預防計畫推動及改善措施之執行，配合預防計畫之工作調整、更換，以及作業現場改善措施。

（三）人力資源單位 (下稱人資)

1. 配合預防計畫之執行及參與。

2. 配合預防計畫之風險評估。

3. 配合提供加班時數。

4. 協助調度員工參與預防計畫推動及改善措施之執行，配合預防計畫之工作調整、更換。

5. 配合提供高風險者之作業變更或健康狀況變化，副知職護該高風險者相應假別、部門、職稱等，以調整與確認預防計畫之執行。

（四）工作者

1. 配合預防計畫之執行及參與。

2. 配合預防計畫之風險評估。

3. 配合預防計畫之工作調整與作業現場改善措施。

4. 若評估為高風險者，應告知職護作業變更或健康狀況變化等，以調整與確認預防計畫之執行。

五、執行流程

（一）辨識及評估高風險群

職護 / 職安人員定期調查過負荷促發目標疾病（腦心血管疾病）之相關風險，評估 10 年內腦、心血管疾病風險與工作負荷情形，參酌近 6 個月平均月加班工時等工作負荷，依危害分級與面談建議安排勞健服務醫師面談。

（二）安排醫師面談及健康指導

透過面談及指導，有效防止高危險群或是有危險性的勞工，因過度操勞而促發腦心血管疾病，以及防止心理健康失調，並期望達到早期發現、早期治療的目的。

1. 工作者經綜合判定為過負荷危害風險「高度風險」或主動提出申請者，予以安排健康指導。

2. 工作者經綜合判定為過負荷危害風險「中度風險」者建議面談，但若本身不願意參與相關健康諮詢，提供促進健康相關資訊。

3. 工作者經綜合判定為「低度風險」工作者，則定期健康檢查追蹤、不需主動安排健康諮詢。

（三）調整或縮短工作時間及更換工作內容之措施

依健康與工作相關性，參酌勞健服務醫師建議調整工作內容、工作時間及作業現場改善。

1. 高度風險者經醫師面談及健康指導後，視工作負荷情況，參考採用醫師建議進行工作內容調整或更換、工作時間調整，以及作業現場改善措施，以減少或移除風險因子。

2. 輪班、夜間工作、長時間工作等具過勞與壓力風險之工作者，或管理計畫執行中作業變更或健康狀況變化，應儘早告知計畫職護 / 職安人員，以利管理計畫之啟動與執行。

3. 若改善措施係採工作限制時，應與工作者溝通後再進行工作安排。

（四）實施健康檢查、管理及促進：

1. 實施健康檢查並予分級管理。

2. 指標項目的分析統計與管理，指標如：

   (1) 一般健康檢查參與率：

      實際健檢人數 / 所有員工人數 x100 %

   (2) 定期健檢異常比率：

      健檢異常人數 / 實際健檢人數 x100%

   (3) 面談完成率：

      實際面談人數 / 高風險人數 x100%

3. 針對健康檢查結果保存 7 年，該項健檢分析結果除作為單項異常作分析之外，應就部門別以及歷年對比以了解存在的健康危害因子變化，藉以做為年度職場健康促進重點推動項目的參考。

4. 高度風險者視工作負荷情況，參考採用醫師建議進行工作內容調整或更換、工作時間調整，以及作業現場改善措施等工作管理措施，以減少或移除風險因子。

5. 工作調整包括變更工作場所、變更工作內容或職務、縮減工作時間或工作量。

（五）執行成效之評估及改善

1. 預防計畫之績效評估，在於各單位內所有具過勞與壓力工作者健康管理之整體性評估，包括接受預防計畫風險評估與風險溝通之參與率、職場健康促進計畫之達成率，及就醫追蹤相關異常之健康指數等改善成效追蹤。

2. 定期檢視成效與計畫調整，相關計畫推動之成果定期於職業安全衛生委員會進行報告，定期檢討績效指標及執行現況。

六、其他有關安全衛生事項

1. 本計畫執行紀錄或相關文件等應歸檔保存紀錄 3 年。

2. 本計畫經職業安全衛生委員會通過後實施，修正時亦同。

❖ 附表 1 預防輪班、夜間工作、長時間工作等異常工作負荷促發疾病執行紀錄表

執行項目	執行結果（人次或％）	備註（改善情形）
辨識及評估高風險群	具異常工作負荷促發疾病高風險者 _____ 人	

安排醫師面談及健康指導	1. 需醫師面談者 _____ 人
	  1.1 需觀察或進一步追蹤檢查者
	  _____ 人
	  1.2 需進行醫療者 _____ 人
	2. 需健康指導者 _____ 人
	  2.1 已接受健康指導者 _____ 人	

調整或縮短工作時間及更換工作內容	1. 需調整或縮短工作時間 _____ 人 2. 需變更工作者 _____ 人	

實施健康檢查、管理及促進	1. 應實施健康檢查者 _____ 人
	  1.1 實際受檢者 _____ 人
	  1.2 檢查結果異常者 _____ 人
	  1.3 需複檢者 _____ 人
	2. 應定期追蹤管理者 _____ 人
	3. 參加健康促進活動者 _____ 人	

執行成效之評估及改善	1. 參與健康檢查率 _____ ％ 2. 健康促進達成率 _____ ％ 3. 與上一次健康檢查異常結果項 目比較，異檢率 _____ ％ （上升或下降） 4. 環境改善情形：_____（環測結果）	
其他事項		

註：本表執行結果為例舉，事業單位得依需求修正與增列。

執行者：　　　　　　　　主管：　　　　　　　　年　　　　月　　　　日

❖ 附表 2　過勞量表

個人評估工具（包含「個人相關過勞」及「工作相關過勞」狀況）		
單位：	姓名：	日期：

（一）個人相關過勞分量表

1. 你常覺得疲勞嗎？

   □ (1) 總是　□ (2) 常常　□ (3) 有時候　□ (4) 不常　□ (5) 從未或幾乎從未

2. 你常覺得身體上體力透支嗎？

   □ (1) 總是　□ (2) 常常　□ (3) 有時候　□ (4) 不常　□ (5) 從未或幾乎從未

3. 你常覺得情緒上心力交瘁嗎？

   □ (1) 總是　□ (2) 常常　□ (3) 有時候　□ (4) 不常　□ (5) 從未或幾乎從未

4. 你常會覺得，「我快要撐不下去了」嗎？

   □ (1) 總是　□ (2) 常常　□ (3) 有時候　□ (4) 不常　□ (5) 從未或幾乎從未

5. 你常覺得精疲力竭嗎？

   □ (1) 總是　□ (2) 常常　□ (3) 有時候　□ (4) 不常　□ (5) 從未或幾乎從未

6. 你常常覺得虛弱，好像快要生病了嗎？

   □ (1) 總是　□ (2) 常常　□ (3) 有時候　□ (4) 不常　□ (5) 從未或幾乎從未

（二）工作相關過勞分量表

1. 你的工作會令人情緒上心力交瘁嗎？

   □ (1) 很嚴重　□ (2) 嚴重　□ (3) 有一些　□ (4) 輕微　□ (5) 非常輕微

2. 你的工作會讓你覺得快要累垮了嗎？

   □ (1) 很嚴重　□ (2) 嚴重　□ (3) 有一些　□ (4) 輕微　□ (5) 非常輕微

3. 你的工作會讓你覺得挫折嗎？

   □ (1) 很嚴重　□ (2) 嚴重　□ (3) 有一些　□ (4) 輕微　□ (5) 非常輕微

4. 工作一整天之後，你覺得精疲力竭嗎？

　□ (1) 總是　□ (2) 常常　□ (3) 有時候　□ (4) 不常　□ (5) 從未或幾乎從未

5. 上班之前只要想到又要工作一整天，你就覺得沒力嗎？

　□ (1) 總是　□ (2) 常常　□ (3) 有時候　□ (4) 不常　□ (5) 從未或幾乎從未

6. 上班時你會覺得每一刻都很難熬嗎？

　□ (1) 總是　□ (2) 常常　□ (3) 有時候　□ (4) 不常　□ (5) 從未或幾乎從未

7. 不工作的時候，你有足夠的精力陪朋友或家人嗎？

　□ (1) 總是　□ (2) 常常　□ (3) 有時候　□ (4) 不常　□ (5) 從未或幾乎從未

計分：

A. 將各選項分數轉換如下：（1）100　（2）75　（3）50　（4）25　（5）0。

B. 個人相關過勞分數－將第 1~6 題的得分相加，除以 6，可得個人相關過勞分數。

C. 工作相關過勞分數－第 1~6 題分數轉換同上，第 7 題為反向題，分數轉換為：（1）0　（2）25　（3）50　（4）75　（5）100。將 1~7 題之分數相加，除以 7，可得工作相關過勞分數。

分數解釋：

疲勞類型	分數	分級	解釋
個人相關過勞	50 分以下	輕微	您的過負荷程度輕微，您並不常感到疲勞、體力透支、精疲力竭、或者虛弱好像快生病的樣子。
	50－70 分	中度	你的個人過負荷程度中等。您有時候感到疲勞、體力透支、精疲力竭、或者虛弱好像快生病的樣子。建議您找出生活的壓力源，進一步的調適自己，增加放鬆與休息的時間。
	70 分以上	嚴重	您的個人過負荷程度嚴重。您時常感到疲勞、體力透支、精疲力竭、或者虛弱好像快生病的樣子。建議您適度的改變生活方式，增加運動與休閒時間之外，您還需要進一步尋找專業人員諮詢。
工作相關過勞	45 分以下	輕微	您的工作相關過負荷程度輕微，您的工作並不會讓您感覺很沒力、心力交瘁、很挫折。
	45－60 分	中度	您的工作相關過負荷程度中等，您有時對工作感覺沒力，沒有興趣，有點挫折。
	60 分以上	嚴重	您的工作相關過負荷程度嚴重，您已經快被工作累垮了，您感覺心力交瘁，感覺挫折，而且上班時都很難熬，此外您可能缺少休閒時間，沒有時間陪伴家人朋友。建議您適度的改變生活方式，增加運動與休閒時間之外，您還需要進一步尋找專業人員諮詢。

（資料來源：勞動部勞動及職業安全衛生研究所過勞自我預防手冊）

❖ 附表 3 過負荷評估問卷

填寫日期：＿＿ 年 ＿＿ 月 ＿＿ 日

一、基本資料				
姓名		性別	□男　　□女	
出生日期	年　　　月　　　日	婚姻狀態	□未婚　□已婚　□離婚　□鰥寡	
工作部門		年資	年　　　　　月	
職稱				

二、個人過去病史（經醫師確定診斷，可複選）

□ 心臟循環系統疾病

（□心痛　□冠心病　□心肌梗塞　□接受心導管支架手術　□曾接受冠狀動脈繞道手術
□冠狀動脈疾病接受藥物治療　　□高血壓　□心律不整　□其他 ＿＿＿＿＿＿＿＿＿ ）

□ 腦中風　　　　　　　　□血脂肪異常

□ 睡眠相關呼吸疾病（如睡眠呼吸中止症）　□中樞神經系統疾病（如癲癇、脊椎疾病）

□ 周邊神經系統疾病（如腕隧道症候群）　　□情感或心理疾病

□ 眼睛疾病（不含可以矯正之近視或遠視）　□聽力損失

□ 上肢或下肢疾病（如會導致關節僵硬、無力等症狀之疾病）

□ 糖尿病　　　　　　□氣喘　　　　　　□長期服藥，藥物名稱：＿＿＿＿＿＿＿＿＿

□ 其他 ＿＿＿＿＿＿＿＿＿＿＿＿＿＿＿　□以上均無

三、家族史

□ 無

□ 一等親內的家屬（父母、祖父母、子女）男性於 55 歲、女性於 65 歲前發生狹心症或
心絞痛

□ 家族中有中風病史

□ 其他 ＿＿＿＿＿＿＿＿＿＿＿＿＿＿＿＿＿＿＿＿＿＿＿＿＿＿＿＿＿＿＿＿＿＿＿＿

四、生活習慣史

1. 抽菸　□無　□有（每天 _____ 包、共 _____ 年）□已戒菸 _____ 年

2. 檳榔　□無　□有（每天 _____ 顆、共 _____ 年）□已戒 _____ 年

3. 喝酒　□無　□有（總類：_____ 頻率：_____）

4. 用餐時間不正常　□否　□是 ；外食頻率　□無　□一餐　□兩餐　□三餐

5. 自覺睡眠不足　□否　□是（工作日睡眠平均 _____ 小時／日；
　　假日睡眠平均 _____ 小時／日）

6. 運動習慣 □無　□有（每週 _____ 次、每次 _____ 分）

7. 其他 _____

五、健康檢查項目

1.　身體質量數 _____（身高 _____ 公分；體重 _____ 公斤）

2.　腰圍 _____（男性＜ 90；女性＜ 80）

3.　脈搏 _____

4.　血壓 _____／_____（收縮壓 ＜120mmHg、舒張壓 ＜80 mmHg）

5.　總膽固醇 _____（＜ 200mg/dL）

6.　低密度膽固醇 _____（＜ 100 mg/dL）

7.　高密度膽固醇 _____（男性≧ 40 mg/dL；女性≧ 50 mg/dL）

8.　三酸甘油脂 _____（＜ 150 mg/dL）

9.　空腹血糖 _____（＜ 100 mg/dL）

10. 尿蛋白 _____（陰性）

11. 尿潛血 _____（陰性）

六、工作相關因素（工作時數及輪班等資料可由人資部門提供）

1. 工作時數：平均每天 _____ 小時；平均每週 _____ 小時；平均每月加班 _____ 小時

2. 工作班別：□白班　　□夜班

　　□輪班（□定期　　□不定期；輪班方式 _____ ）

3. 工作環境（可複選）：

　　□噪音（ _____ 分貝）　　□異常溫度（高溫約 _____ 度；低溫約 _____ 度）
　　□通風不良

　　□人因工程設計不良（如：座椅、震動、搬運等）　　□以上皆無

4. 日常伴隨緊張之工作負荷（可複選）

　　□經常負責會威脅自己或他人生命、財產的危險性工作

　　□有迴避危險責任的工作

　　□關乎人命、或可能左右他人一生重大判決的工作

　　□處理高危險物質的工作

　　□可能造成社會龐大損失責任的工作

　　□有過多或過分嚴苛的限時工作

　　□需在一定的期間內（如交期等）完成的困難工作

　　□負責處理客戶重大衝突或複雜的勞資紛爭

　　□無法獲得周遭理解或孤立無援狀況下的困難工作

　　□負責複雜困難的開發業務、或公司重建等工作

　　□以上皆無

5. 有無工作相關突發異常事件（如近期發生車禍、車子於行駛中發生重大故障等）

　　□無　　□有（說明：_____ ）

6. 工作環境中有無組織文化、職場正義問題（如職場人際衝突、部門內部溝通管道不足等？）

　　□無　　□有（說明：_____ ）

7. 對預定之工作排程或工作內容經常性變更或無法預估、常屬於事前的通知狀況等？

　　□無　　□有（說明：_____ ）

8. 經常性出差，其具有時差、無法休息、休息或適當住宿、長距離自行開車或往返兩地而無法恢復疲勞狀況等？

　　□無　　□有（說明：_____ ）

七、非工作相關因素

1. 家庭因素問題 □無 □有（說明：＿＿＿＿＿＿＿＿＿＿＿＿＿＿＿＿＿）

2. 經濟因素問題 □無 □有（說明：＿＿＿＿＿＿＿＿＿＿＿＿＿＿＿＿＿）

八、過負荷評估

1. 心血管疾病風險：□低度風險 □中度風險 □高度風險 □極高風險
   □其他：＿＿＿＿＿＿＿＿＿＿＿＿＿＿＿＿

2. 工作負荷風險：□低負荷 □中負荷 □高負荷 □其他：＿＿＿＿＿＿＿＿

3. 過負荷綜合評估：□低度風險 □中度風險 □高度風險 □其他：＿＿＿＿＿

❖ 附表 4 醫師面談結果及採行措施表

面談指導結果				
（員工編號） 姓　　名		服務單位		
（員工編號） 姓　　名		□男　　□女	年齡　　　　歲	
疲勞累積狀況	□無　　　　　□輕度 □中度　　　　□重度	特殊記載事項		
應顧慮的身心狀況	□無　　　　　□有	特殊記載事項		
判定區分	診斷區分	□無異常　　　□需觀察 □需醫療		
判定區分	工作區分	□一般工作　　□工作限制 □需休假	需採取後續 相關措施否	□否　　　　□是 請填寫採行措施 建議
判定區分	指導區分	□不需指導　　□要健康指導 □需醫療指導	需採取後續 相關措施否	□否　　　　□是 請填寫採行措施 建議

醫師姓名：＿＿＿＿＿＿＿＿＿ ＿＿＿＿＿ 年 ＿＿＿＿＿ 月 ＿＿＿＿＿ 日（實施年月日）

採行措施建議			
工作上採取的措施	調整工作時間	□限制加班，最多 _____ 小時／月	□減少輪班頻率
		□不宜加班	□不宜繼續工作（指示休假、休養）
		□限制工作時間 _____ 時 _____ 分	□其他
	變更工作	□變更工作場所（請敘明：_____）	
		□轉換工作（請敘明：_____）	
		□減少大夜班次數（請敘明：_____）	
		□轉換為白天的工作（請敘明：_____）	
		□其他（請敘明：_____）	
	措施期間	□日／週／月　　□（下次面談預定日　　年　　月　　日）	
建議就醫			
備註			

註：本表為例舉，事業單位得依需求修正與增列。

醫師姓名：　　　　　　　　_____ 年 _____ 月 _____ 日（實施年月日）

部門主管：

2.5 社會新聞 / 案例判例

勞工因超時工作促發病，雇主自不得以勞工與有過失為由而減免補償責任。

❖ 案由

A 起訴主張其子 B 自 100 年 4 月 5 日起任職於大 O 科技股份有限公司（下稱大 O 公司），擔任封裝製程助理工程師，每月工作時間自晚上 8 時至翌日上午 8 時，然因**長期超時加班**，嗣於 106 年 1 月 26 日凌晨 0 時許在工作時引發心肌梗塞昏厥。

因**長期超時加班過勞而發生心肌梗塞昏厥**，大 O 公司員工送往桃園敏盛綜合醫院（下稱敏盛醫院）急救，仍於同年 3 月 10 日死亡，而 B 之**死亡經勞保局認定為職業病**。

於**事發前 6 個月**即自 105 年 8 月 26 日至 106 年 1 月 25 日止之工作時數，前 1 個月總工時 281 小時 9 分，前 6 個月總工時 1742 小時 23 分；超時工作部分，前 1 個月超時 105 小時 9 分，前 2 至 6 個月超時 558 小時 27 分（平均超時 93 小時 5 分）等情，B **發病日至發病前 1 個月之加班時數已超過 100 小時，且發病前 2 至 6 個月內，月平均超過 80 小時加班時數**（…略以），且 B 係從事**夜班**之封裝製程助理工程師，主要工作為操作封裝機台，雖屬輕度勞力工作，惟仍有搬運、上下料等需耗費勞力之情，亦符合系爭參考指引標準**長期工作負荷**因子。

勞保局認定：「……其（本院按：即 B）**工作內容已符合工作促發腦血管及心臟疾病之職業病認定標準，其所患為職業病。**」，並經鑑定醫師到庭陳述：B 雖有肥胖、高血壓、高血脂及抽煙習慣等危險因素，但**主要係因長期工作及加班問題**所引發心血管疾病等語在卷可參，足認 B 於 106 年 1 月 26 日工作時發生急性心肌梗塞併冠心症、缺氧性腦病變，並於同年 3 月 10 日因心因性休克死亡乙節，確實係因職業所促發之病症。

❖ 判決結果

（略以），…大 O 公司辯稱 B 就促發心肌梗塞而死亡亦與有過失云云，惟如前述，雇主之職業災害補償責任係基於勞基法第 59 條之特別規定，且為無過失責任，雇主自

不得以勞工與有過失為由而減免補償責任，是縱認大 O 公司前開辯稱 A 就損害之發生及擴大與有過失乙情屬實，大 O 公司亦不能執此主張減免應依勞基法第 59 條規定之補償責任，故大 O 公司此部分所辯，要無足採。

❖ 資料來源

臺灣桃園地方法院民事 107 年度勞訴字第 89 號判決。

2.6 引用／資料來源

說明／網址	QR
職業安全衛生法 - 勞動部法令查詢系統 https://laws.mol.gov.tw/	
職業安全衛生法設施規則 - 勞動部法令查詢系統 https://laws.mol.gov.tw/	
勞工健康保護規則 - 勞動部法令查詢系統 https://laws.mol.gov.tw/	
勞動部職安署「異常工作負荷促發疾病預防指引」 https://reurl.cc/94WWjx	
勞動部職安署「中高齡及高齡工作者作業安全衛生指引」 https://reurl.cc/N0DGbx	
勞動部勞動及職業安全衛生研究所「職業促發腦血管及心臟疾病（外傷導致者除外）之認定參考指引」 https://reurl.cc/94WWjV	
中高齡勞工友善健康職場促進研究，勞動部勞動及職業安全衛生研究所 https://reurl.cc/jD66Lq	

執行職務遭受不法侵害預防計畫

臺灣一部描繪職場生活的戲劇《人選之人》開播,女主角遭受前輩性騷擾的一幕引起了公眾對性騷擾議題的高度關注。接著,更多深藏在黑暗角落的性騷擾案件如漣漪般擴散,揭露著受害者的傷痛。過去,受害者可能覺得在正常體制下無法尋求公正,或曾訴諸申訴,但卻未得到適當處理,因而選擇沉默。誰能預料到,一個平凡的工作日常,竟會帶來如此難以抹滅的傷痛……

根據 109 年 yes123 求職網的調查,高達 67% 的勞工曾遭遇「職場霸凌」,這真是令人驚愕的數字!相當於每 3 個人中就有 2 個人在職場上遭受霸凌事件!這些不道德行為,不論是職場性騷擾或職場霸凌,都屬於職場不法侵害的範疇。企業若發生職場不法侵害事件,不僅將對受害者造成無法彌補的身心創傷,同時也會降低企業的生產力和員工的工作滿意度。更嚴重的是,若因職場不法侵害導致死亡職災,這樣的悲劇不僅將傷害受害者的家庭,還會影響到整個家庭的生計。

在全球追求永續發展的趨勢下,企業負起善盡環境、社會與治理(ESG)責任已成為企業經營的新顯學。然而,在這其中,「健康的勞動力」才是關鍵所在。

111 年的「2022 職場永續健康與安全國際研討會」中,職安署邀請到了「GRI 403 職業健康與安全準則」的專家 Kathy A. Seabrook 進行與談。她強調企業營運應以「人」為核心,將員工的健康、安全與福祉納入績效衡量,並將其融入所有經營決策。職業健康與安全的投資不應該被視為成本,而應視為為企業帶來永續發展的重要保障,也是企業與全球商業環境接軌的關鍵所在。

會中,專家也分享了「True North」(真北)的概念,這指的是地球真正的北方,也象徵著正確的方向和價值觀。在企業中,職安衛人員的角色是為組織規劃、安排符合安全與健康事項的人員,他們需要積極參與組織內的合作與溝通。職安衛人員是變革的推動者,更是公司的搭橋人。每天,他們都在為實現永續發展而發揮領導力,為公司展現企業價值而不懈努力。

因此,官方的計畫撰寫指引只是起一個穿針引線的作用,真正「以人為本」的做法才是最重要的!我們可以用更宏觀的方式去推行與落實職安衛的領先指標,如:危害辨識、風險評估與管理、員工教育訓練、預先配置適當場所及人力等。只有這樣前瞻的行動,我們才能協助企業改善、預防和減輕與經營相關之安全與健康的影響。這是職安衛人員的正確方向,也是幫助企業邁向「真北」的藍圖!

3.1 法源依據

- 職業安全衛生法第 6 條第 2 項第 3 款

- 職業安全衛生法施行細則第 11 條

- 職業安全衛生設施規則第 324-3 條

❖《職安法》第 6 條第 2 項第 3 款

雇主對下列事項，應妥為規劃及採取必要之安全衛生措施：

（略以）

三、執行職務因他人行為遭受身體或精神不法侵害之預防。

❖《職業安全衛生法施行細則》第 11 條

本法第 6 條第 2 項第 3 款所定執行職務因他人行為遭受身體或精神不法侵害之預防，為雇主避免勞工因執行職務，於勞動場所遭受他人之不法侵害行為，造成身體或精神之傷害，所採取預防之必要措施。

前項不法之侵害，由各該管主管機關或司法機關依規定調查或認定。

❖《職業安全衛生設施規則》第 324-3 條

雇主為預防勞工於執行職務，因他人行為致遭受身體或精神上不法侵害，應採取下列暴力預防措施，作成執行紀錄並留存 3 年：

一、辨識及評估危害。

二、適當配置作業場所。

三、依工作適性適當調整人力。

四、建構行為規範。

五、辦理危害預防及溝通技巧訓練。

六、建立事件之處理程序。

七、執行成效之評估及改善。

八、其他有關安全衛生事項。

前項暴力預防措施，事業單位勞工人數達 100 人以上者，雇主應依勞工執行職務之風險特性，參照中央主管機關公告之相關指引，訂定執行職務遭受不法侵害預防計畫，並據以執行；於勞工人數未達 100 人者，得以執行紀錄或文件代替。

❖ 相關法規

可參閱跟蹤騷擾防治法、家庭暴力防治法、性騷擾防治法及社會秩序維護法等。

3.2 參考資料（指引、期刊、研究等）

❖ 指引

● 勞動部職安署「執行職務遭受不法侵害預防指引」第三版

● 勞動部職安署「醫療機構職場不法侵害預防指引」

● 勞動部職安署「便利商店職場不法侵害安全衛生指引」

● 勞動部職安署「工作相關心理壓力事件引起精神疾病認定參考指引」

● 衛福部「危害醫院醫療安全之應變流程指引」

❖ 期刊、研究相關統計數據

● 不同行業別工作者遭受職場不法侵害比例：

年份	調查單位	研究對象	言語暴力	心理暴力	性騷擾	肢體暴力
105	衛福部國健署	行政機關公務人員	29.5%	33.2%	6.4%	5.2%
111	勞動部勞研所	受僱者	12.4%	5.8%	1.3%	1.3%
		雇主、自營作業者	9.2%	2.6%	0.7%	0.6%
111	臺大健康政策與管理研究所	衛生行政機關、衛生所等工作者	43.50%	31.71%	2.64%	1.63%

- 性騷擾之不法侵害以女性有較高的遭遇比例。

- 醫療保健及社會工作服務業有較高遭遇職場暴力情形的比例。

3.3 作業流程（含計畫撰寫解說及執行步驟）

首先，我們先從《執行業務遭受不法侵害預防計畫指引》第三版改了什麼？開始談起。第三版內容主要是配合跟蹤騷擾防治法修訂，並且本次修正的三大重點如下：

1. **新增社工機構規劃辦理不法侵害預防之危害辨識等作法。**

2. **新增「職場不法侵害事件處理相關資源」與「身心健康諮詢及輔導相關資源」。**

3. **修正職場不法侵害事件處理流程圖。**

以下解說勞動部公布之《執行業務遭受不法侵害預防計畫指引》第三版重點。

壹、前言

傳統上勞工職場身心健康危害要分為物理性、化學性、生物性和人因性四大類，惟近年來，於職場受主管／同事的欺凌、顧客／服務對象的肢體攻擊、言語侮辱、恐嚇和威脅等事件致發生精神、身體傷害，甚至危及性命。此行為不僅影響勞工身心健康和人權，也影響組織效率，更影響整個國家的經濟發展，此類職業暴力被歸類為「社會心理危害」。

職場暴力於國際間被歸類為社會心理危害之主要因子，多數國家有規範雇主應提供勞工安全工作環境的一般性職責，針對職場暴力預防建議以指引、原則或行動方案推動，並鼓勵企業發展相關預防措施。

我國醫療機構頻傳從業人員遭受暴力事件，因此**職安法第 6 條第 2 項明訂雇主對於執行職務因他人行為遭受身體或精神不法侵害之預防，應妥為規劃並採取必要之安全衛生措施**。為此，勞動部勞研所參考國內外作法，研擬了職場暴力預防指引和相關法規，於 **103 年 9 月公告本指引，106 年 6 月依實務修正，111 年 6 月 1 日配合「跟蹤騷擾防治法」**，參酌業界、衛福部之社會工作人員人身安全維護手冊及相關專家學者意見）實施，再次修正本指引。

本指引係行政指導，旨在提供雇主預防勞工遭受職場暴力的安全衛生措施參考，事業單位可參考本指引之基本原則，另可參考其他國家或業界之優良作法，並視單位規模、人力配置等資源規劃執行。

至個案之違法處理（如遭受傷害、性騷擾或跟蹤騷擾等），依職安法施行細則第 11 條第 2 項規定，**應視所涉之違反法律（如刑法、性騷擾防治法或跟蹤騷擾防制法等）事實，轉由各該管主管機關或司法機關依規定調查或認定**。

貳、適用範圍

職安法規範之各業別工作者。

參、名詞定義

「職場不法侵害」：指勞工在勞動場所因執行職務而遭受雇主、主管、同事、服務對象或其他第三方的不法侵害行為。

不法侵害分為 5 大類型：

1.　肢體暴力（如：毆打、抓傷、拳打、腳踢等）。

2.　心理暴力（如：威脅、欺凌、騷擾、辱罵等）。

3.　語言暴力（如：霸凌、恐嚇、干擾、歧視等）。

4. 性騷擾（如：不當的性暗示與行為等）。

5. 跟蹤騷擾（如：監視觀察、尾隨接近、不當追求、通訊騷擾等）。

小教室

我們常在新聞聽到的「**職場霸凌**」，目前在職安法中並沒有明確的定義。如從近年法院判決對職場霸凌之闡釋，依臺灣基隆地方法院112年度基勞簡字第1號民事判決：「…**職場霸凌之要素應包括刻意傷害的敵對行為（或稱負面行為）、不斷重複的發生及造成受凌者生理、心理等傷害之情形**…」。並引用楊明磊教授根據國外學者的見解：「職場霸凌，乃意指在工作場所中發生的，藉由權力濫用與不公平的處罰所造成的持續性的冒犯、威脅、冷落、孤立或侮辱行為，使被霸凌者感到受挫、被威脅、羞辱、被孤立及受傷，進而折損其自信並帶來沈重的身心壓力。」

換言之，法院所認定符合職場霸凌的案件，必須是個人或多人對某一個體進行直接或間接的攻擊行為，且該攻擊行為並不是偶發性的衝突，而是持續一段時間，進而對受害者造成身體、心理和社會問題之負面傷害。

※ 參照案例一（**P.193**）：

非屬職場霸凌之案例：臺灣高等法院臺南分院110年度勞上更一字第1號民事判決。

肆、職場不法侵害之預防措施

事業單位應依規模、工作性質和資源，在合理可行的範圍內規劃預防計畫和措施。

本指引參考國內外職場不法侵害之預防實務作法、我國相關法令規定及 TOSHMS 指引架構（含：**政策、組織設計、規劃與實施、評估及改善措施**），提供企業實務規劃參考，協助事業單位運用**系統化管理的方法，落實推動職場不法侵害之預防**。作法與執行流程參閱**圖1**。

1 計畫制定 宣示零容忍
- ✓ 公開宣示禁止職場不法侵害、訂於安全衛生工作守則

2 專責人員負責
- ✓ 專責部門統籌規劃，高階主管督導計畫推動
- ✓ 分工事宜納入職業安全衛生管理計畫內
- ✓ 安排教育訓練，使人員具相關執行能力
- ✓ 內部資源：職護；外部資源：災防重建中心、職安衛顧問機構等

3 辨識及評估危害
- ✓ 建立職場不法侵害危害辨識及風險評估管理計畫、組成工作小組
- ✓ 執行工作環境／作業危害之辨識、評估及控制
- ✓ 分析曾發生之不法侵害事件作為依據 (參考資料：職災調查統計、申訴、缺勤、離職率等)

4 配置作業場所
- ✓ 物理環境：音量、色彩、照明、溫溼度、通風、結構安全
- ✓ 工作場所設計：通道、空間、設備、建築、監視警報
- ✓ 行政管制措施：門禁／進出管制、公共／工作區域管制

5 適性調整人力
- ✓ 適性配工：高風險、高負荷、夜間、接觸攻擊性傾向者等提供防衛、保護措施
- ✓ 工作設計：簡化工作流程、避免工作負荷；提供員工協助方案、福利措施等

6 建構行為規範
- ✓ 組織層次：公告預防職場不法侵害書面申明、高階承諾、保證申訴管道公正、勞動契約規範加害者之懲處方式
- ✓ 個人層次：高階以身作則、主管自我審視、勞工參與教育訓練並尊重同仁

7 辦理教育訓練
- ✓ 勞工、主管及雇主皆須接受教育訓練，訓練內容依不同對象設計
- ✓ 訓練資深人員作為核心工作團體
- ✓ 文件化並公告，e.g.：指引、守則或手冊等

8 建立處理程序
- ✓ 事發前：建立通報機制並宣導至所有勞工、建立處置流程、建立緊急應變程序或預防小組
- ✓ 事發中：24 小時內通報專責單位／人員、主管或報警、成立處理小組、1 個月內完成調查
- ✓ 事發後：安置當事人、後續關懷、雙方協調處理、檢討與改善預防措施、處置記錄存檔至少 3 年

9 執行成效評估
- ✓ 半年～一年進行 1 次執行預防措施之績效評估
- ✓ 依職安法規定，紀錄不法侵害導致之職災事件
- ✓ 相關資料文件化並保存

▲ 圖 1 「職場不法侵害預防計畫」作法與執行流程圖

一、政策

事業單位應明確宣示職場不法侵害零容忍，建立安全、尊嚴、無歧視、互相尊重及包容、機會均等之職場文化，**將預防措施納入安全衛生工作守則中。**

1. 政策**申明零容忍**立場，建立無歧視文化。

2. 雇主應參考相關法規，妥為規劃及**採取必要之安全衛生措施**，落實法令規定。

3. 應**建立標準處置流程**，明定申訴或通報管道及後續處理機制。

4. 確保所有人員**了解各自承擔之義務及責任**。

5. 提供職場不法侵害相關**教育訓練**，並鼓勵**全員參與**。

二、組織設計

1. 雇主應授權指定**專責部門或人員，負責統籌規劃職場不法侵害預防計畫或措施。**

2. 應指派一名**高階主管負責督導管理**，並推動組織內全體同仁之參與。

3. **可納入職業安全衛生管理計畫**，並參照職業安全衛生管理辦法及勞工健康保護規則之規定。

4. 對於事業達一定規模，依勞工健康保護規則需配置從事勞工健康服務醫護人員者，該等**醫護人員**應配合上述**統籌規劃單位辦理相關預防或後續諮商輔導措施**。

5. 事業設有總機構者，可使其各地區事業單位依循總機構之政策或計畫規劃執行。

6. 事業單位應**安排適當之相關教育訓練**，使相關人員具足執行之能力。

7. 對於**未達需設置職業安全衛生人員或勞工健康服務醫護人員者，可指派內部單位專責人員或透過外部資源協助規劃執行**。外部資源可包括主管機關推動之員工協助方案勞動部成立之財團法人職業災害預防及重建中心資源，或經勞動部認可之職業安全衛生顧問服務機構。

三、規劃與實施

依職業安全衛生設施規則第 324-3 條，雇主須採預防措施避免勞工在工作中受到身體或精神不法侵害，預防措施包括：

1. 辨識及評估危害

2. 適當配置作業場所

3. 依工作適性調整人力

4. 建構行為規範

5. 辦理危害預防及溝通技巧訓練

6. 建立事件之處理程序

7. 執行成效之評估及改善

8. 其他有關安全衛生事項

※1.~7. 項為撰寫執行職務遭受不法侵害預防計畫之必要內容，預防措施內容詳見 3.3.1~3.3.9。

勞工人數 ≥100 人訂定計畫並執行；勞工人數 < 100 人可以紀錄／文件代替。

當事件發生時，事業單位應：

1. 確保有具**公平、公正及保護隱私之通報機制**。

2. 提供受害者適當之**保護與安置措施**，及**後續追蹤、輔導**。

3. **訂定作業標準化流程之預防措施**（各目的事業主管機關有訂定相關指引或措施者，應優先納入）並據以執行。

伍、結語

就雇主而言，職場不法侵害事件可能導致組織士氣低落、形象不佳致難招募人才及留住人才，甚而必須擔負勞工請假、補償金及法律之責任；對勞工而言，可能導致沮喪、傷病，甚至失能或死亡。

鑑於職場不法侵害對事業單位的負面影響，因此雇主應正視職場不法侵害預防之重要性，並監視控制方法的有效性，並加以調整和改善。

勞工是企業的資產，事業單位能自主管理，落實職安法令規定，採取促進勞工身心健康之相關措施，為勞工打造尊嚴勞動及安全之職場環境，確保勞動者之權益，共創勞資雙贏。

3.3.1 辨識及評估危害

不同行業可能遭遇的不法侵害風險和類型不同，宜參考相關法規、職業安全衛生管理系統規範等，並依產業特性、風險概況等，建立「**職場不法侵害危害辨識及風險評估之管理計畫**」。

e.g.：**醫療機構、社工機構**：高風險職場，人員可能接觸情緒不穩個案，易受攻擊、騷擾；**行政辦公室**：人員可能遭受言與暴力及性騷擾等。

❖ 風險評估執行成員

可以由資深管理階層帶領職業安全衛生管理人員會同各部門主管人員或勞工代表組成工作小組執行，單位成員代表包含：

1. 職安衛
2. 人資
3. 法務
4. 業務單位
5. 保全

※ 未達需設職業安全衛生人員者，建議由人資部人員主責。

❖ 評估原則及注意事項

評估工具為問卷或訪談，需考量：

1. 各部門（單位）之工作特性、環境、人員組成及作業活動等。
2. 高風險之業務、地點、工作流程、人員等。

❖ 不法侵害來源

內部：

1. 組織內部，常發生於同事之間、上司／下屬之間、資深勞工／新進、年輕或弱勢層級勞工之間等。

2. 對有精神或心理病史之勞工或具暴力傾向者，宜留意其潛在風險。

外部：

1. 組織外部，包括顧客、服務對象、承包商、其他相關人士或陌生人等。

2. 尤像醫療機構、社工機構等服務對象屬特殊高風險族群，如酗酒、藥癮、心理疾患或家暴者等。

3. 勞工工作時持有高額現金或貴重物品、獨自從事工作、工作性質須與陌生人接觸、工作中須處理不可預期的突發事件，或工作場所治安狀況較差，較容易遭遇陌生人之不法侵害及犯罪行為。

❖ 整理組織內曾發生之不法侵害事件樣態

1. 分析來源、類型、傷害嚴重程度、事件中加害者和受害者的特質、加害者動機、發生頻率及地點等。

2. 資訊蒐集可從職業災害調查記錄、職業災害統計、申訴等事件蒐集，以及各部門員工缺勤、病假、離職率與在職勞工之意見調查。

❖ 辨識及評估危害之步驟

評估步驟如**圖 2**；評估方式詳參 **3.3.9 附錄一**。

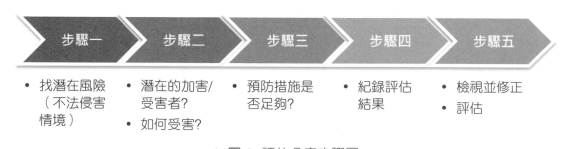

| 步驟一 | 步驟二 | 步驟三 | 步驟四 | 步驟五 |

- 找潛在風險（不法侵害情境）
- 潛在的加害/受害者？
- 如何受害？
- 預防措施是否足夠？
- 紀錄評估結果
- 檢視並修正
- 評估

▲ 圖 2 評估危害步驟圖

※ 醫療機構職場暴力之危害風險較高且有其特殊性，可參考勞動部公告之：「**醫療機構職場不法侵害預防指引**」；另社工機構之危害辨識及風險評估表如 **3.3.9 附錄二**。

3.3.2 適當配置作業場所

事業單位應按照消除、取代、工程控制、管理控制及個人防護具等優先順序，採取有效控制措施降低風險。

作業場所配置，可透過 **1. 物理環境 2. 工作場所設計 3. 行政管制措施** 進行檢點，以降低或消除不法侵害的危害（檢點紀錄表範例如 **3.3.9 附錄三**）：

❖ 物理環境

物理外觀是職場不法侵害的消滅或啟動的關鍵因子。勞工、訪客所處環境及暴露情況應特別留意，並採取降低或消除負面影響之措施。

1. 保持最低限噪音 60dB 以下
2. 選用令人放鬆、賞心悅目的色彩
3. 良好照明
4. 適當地溫度、濕度及通風良好
5. 維護物理結構及設備安全

❖ 工作場所設計

不當設計可能會成為觸發不法侵害行為或升級該行為的因素。事業單位可考量下列各項因子進行規劃：

因子	措施
1. 通道	• 提供安全進出通道，減少對外通道分歧 • 主要出入口、顧客往來動線注意安全 • 通道加設密碼鎖或門禁系統 • 員工停車場應盡量緊鄰工作場所
2. 空間	• 工作空間宜有兩個出口，方便勞工及顧客使用，以降低緊張感 • 必要時設置服務對象／訪客等候用之空間，安排舒適座位 • 準備雜誌、電視等物品，降低等候時的無聊感 • 減少工作空間出現可作為武器的銳器或鈍物，如花瓶等

因子	措施
3. 設備／擺飾	• 辦公傢俱之擺設應避免影響勞工出入 • 宜保持傢俱量少質輕、沒有尖銳的角緣，盡量固定在地板上 • 有金錢交易之櫃台，可裝設防彈、防碎玻璃，並設置退避空間
4. 建築設計	• 建築物的出入口應使人方便出入 • 廁所、茶水間、公共電話區應有明顯標示並宜適當維護 • 尊重個人隱私 • 工作場所宜設置安全區域及訂定緊急疏散程序以緊急應變
5. 監視器／警報系統	• 潛在危險區域應裝置監視器或由保全人員定時巡邏 • 在高風險的位置安裝監視及警報設備，如：警鈴系統、緊急按鈕、24 小時 CCTV 或無線電話通訊等裝置。若為個別單位，宜與大樓警報系統連結 • 入口安裝金屬探測器或保全把關確認訪客有無持有攻擊性武器 • 警報系統如：警鈴、電話、哨子、短波呼叫器，應供顯著風險區工作的勞工使用，或事件發生時能發出警報並通知同事 • 避免引起加害人注意，宜使用靜音式警報系統 • 警報系統啟動後，應展開有效因應措施 • 警報系統依特定區域風險評估結果配置

❖ 行政管制措施

行政與工作場域／流程的限制及控制有助於預防不法侵害事件的發生。

1. **門禁管制**：接待區域應有「訪客登記／管制」措施，讓訪客容易被辨識，e.g.：訪客通行證、訪客時段限制等。

2. **公共區域管制**：公共區域，根據事業單位內部之作業流程進行管制。

3. **工作區域管制**：工作區域、休息室或更衣室應管制，要求勞工配戴識別證，避免非勞工／非授權人士擅自進出工作區域。

4. **進出管制**：將不用的門上鎖限制進出，惟仍應符合消防法規。

※ 參照案例二（**P.194**）：

雇主未採取「工作場所進出管制」等不法侵害預防措施，致勞工遭受職場暴力受傷及死亡，雇主須負連帶賠償責任：臺灣臺南地方法院 110 年度訴字第 1355 號民事判決。

3.3.3　依工作適性適當調整人力

對於工作適性適當調整人力部分，可透過**適性配工**、**工作設計**進行檢點，並可參閱 **3.3.9 附錄四**之範例，進行檢點與改善。

❖ 適性配工

1. 人力不足或資格不符可能導致不法侵害事件發生或惡化。針對高風險／高負荷、夜間工作安排，應參考醫師的建議外，宜考量人力、性別之適任性等。

   e.g.：**服務性質工作**：宜考量專案活動或尖鋒時段之人力配置，尤其是有攻擊傾向／精神障礙者；**夜間／獨自作業**：宜考量性暴力、搶劫傷害等潛在危害，必要時聘僱保全人員或提供勞工口哨、警棍等防衛工具、宿舍或交通等保護措施。

2. 特定需求作業／新進人員應加強訓練，並採輪值方式。

3. 勞工在不同作業場所移動時，應有明確規定其移動流程，並定時保持聯繫，必要時配置保全人員。

4. 若勞工舉報因私人關係遭受不法侵害威脅，應採取協同作業，以保護勞工安全。

❖ 工作設計

工作設計可有效且經濟地減少職場不法侵害。

1. 需與公眾接觸之工作，簡化工作流程，減少工作者及服務對象於互動時之衝突。

2. 避免工作單調重複或負荷過重；排班應得勞工同意並避免連續夜班、長工時、常加班而累積工作壓力。

3. 允許適度的勞工自治，保有充分時間對話、分享資訊及解決問題。

4. 提供勞工社交活動或員工協助方案，並鼓勵勞工參與。

5. 提供勞工相關福利措施，如：彈性工時、設立托兒所、單親家庭或家暴關懷等，有助於調和勞工之職業及家庭責任，有效預防職場不法侵害。

3.3.4 建構行為規範

組織內部常見不法侵害包含：

1. 暴行、傷害之肢體攻擊（肢體攻擊）。

2. 脅迫、名譽損毀、侮辱、嚴重辱罵（精神攻擊）。

3. 過度介入私人事宜（隱私侵害）。

4. 強求執行業務上明顯不必要或不可能之工作，妨礙工作（要求過高）。

5. 欠缺業務上合理性，命令其執行與能力、經驗不符的低階工作，或不給工作（要求過低）。

為避免職場內主管或同仁間利用職務地位及人際優勢，超越業務合理範圍而加諸同仁精神、身體上之痛苦，或使其工作環境惡化之行為，雇主應致力建立於建立安全、尊嚴、工作倫理、無歧視、性別平等之反職場不法侵害的組織文化，並**公告預防職場不法侵害之書面聲明**，可參閱 **3.3.9 附錄五**，以宣示雇主對於職場不法侵害「**零容忍**」之決心。

為建立強力支持性地正向社會環境，對於群體及個人之努力，宜有肯定鼓勵之回饋機制，其方式建議可分別針對**組織**及**個人層次建構行為規範**。

❖ 組織層次

應明確揭櫫消除職場不法侵害之方針，內容宜包括：

1. **高階承諾、決策、明定主管與勞工遵守之事項及責任**，e.g.：禁止言語攻擊、人身攻擊、飲酒及使用非法藥物、參與教育訓練、設置諮商平台。

2. 保證申訴或通報者免於報復之**公正申訴體制**，對於組織內不適任之主管或同仁，宜介入處理。

3. **明定**施以職場不法侵害勞工之**懲處方式**，並明確**規範於勞動契約或工作規則中。**

❖ 個人層次

視個別勞工之狀況加以建構，並設計不同之教育訓練課程：

1. **高階**管理階層：**改善組織文化**並採取相關措施、**以身作則**、發揮典範領導力。

2. **主管**階層：應自我示範（審視有無不當言行之查核表如 **3.3.9 附錄六**）、**參與反職場不法侵害之教育訓練**，並應發揮指揮監督功能，禁止同仁間有職場不法侵害之行為。可**定期召開會議**進行資訊交流與溝通、若有**違反管理規章者，應立即處置。**

3. **勞工**個人：**接受教育訓練**課程、認同彼此價值觀之差異、相互接受、相互尊重、適當溝通、針對弱勢同仁或受害者不宜有孤立之行為、主動與之互動並相互扶持。

4. 宜將「不適當之言行」條列納入教育訓練，e.g.：對勞工說「你能力怎麼這麼差」、「不斷責備勞工」、「公開在眾人面前長時間責罵」等列入訓練教材的負面範例。

3.3.5　辦理危害預防及溝通技巧訓練

每位工作者（含主管、雇主）皆需接受職場不法侵害預防之教育訓練，可依職業安全衛生教育訓練規則之規定，納入新進或在職勞工訓練之一環。訓練可由內部人員，如人資部門或外部專家提供，且訓練內容宜依不同對象設計。

e.g.：**主管層級特定訓練**：接受**辨識勞工舉止及行為變化**，可能具有潛在暴力風險者及應變職場不法侵害發生時處理之能力訓練；**保全或警衛人員特定訓練**：含處理攻擊及消除敵意情境之訓練等。

相關內容宜納入角色扮演、模擬及演練，且適時更新。

❖ 訓練內容

1. 介紹職場工作環境特色、管理政策及申訴、通報管道。

2. 提供資訊以認識不同樣態、身體及精神的職場不法侵害、增進辨識潛在不法侵害情境之技巧，及降低職場不法侵害案例。

3. 提供有關性別、文化多樣性及反歧視之資訊，以提高對相關議題的敏感度。

4. 授與人際關係及溝通技巧，以預防或緩解潛在職場不法侵害情境。

5. 訓練執行特殊任務之能力。

6. 提供決斷力訓練或交付權限，特別是女性員工。

7. 根據風險評估，訓練應有之自我防衛能力，並教育勞工於執行職務發生遭受生命威脅事件時，應以生命安全為第一優先，並建立應變處理機制。

❖ 訓練原則

1. 可訓練一批成熟且資深勞工，令其擔任職場不法侵害預防之核心工作團，以承擔較複雜互動責任及處理緊急應變事件。

2. 擬定指引、守則或手冊，公告並解說，利用會議、討論或訓練達到傳遞訊息並促進溝通，以預防或因應特定情境之職場不法侵害。

3.3.6 建立事件之處理程序

雇主應建立**職場不法侵害事件通報機制，讓所有工作者清楚通報程序及方法**，以確保當組織內發生不法侵害事件時皆得以控制。

通報系統可與現有人資部門或職業安全衛生部門整合，**指派專責人員提供協助**，通報方式可透過申訴／通報單、電子郵件、專用電話等多種方式通報。**事業單位亦應建立緊急應變程序或預防小組，以負責執行控制不法侵害的策略**。小組成員須熟悉事件發生之應變方法與步驟，並視情況及時報警，以應對突發事件。

❖ 申訴／通報

要求勞工向雇主或管理者通報任何不法侵害行為，鼓勵勞工對存有風險之工作條件或情境及早通報。如勞工、主管間關係惡化，即使該狀況、行為尚未造成傷害，為預防事件發生，皆應申訴或通報。可透過非正式會議來澄清誤解、提供調解機會，介入處理以及時預防傷害。

※ 參照案例三（**P.194**）：

勞工向主管申訴工作環境存在不法侵害風險無效而提起訴訟，判雇主敗訴：臺灣高等法院臺中分院 108 年度勞上字第 28 號民事判決。

※ 參照案例四（**P.195**）：

雇主未落實職場不法侵害通報機制，遭監察院糾正：108 年 8 月 20 日監察院新聞稿。

若勞工因私人關係受到不法侵害威脅，並有可能在職場上爆發，雇主應鼓勵其自行通報，以便啟動適當的保護措施。若勞工主動向事業單位反映受到跟蹤騷擾或家庭暴力被害人，或經跟蹤騷擾防制法或家庭暴力防治法向法院申請核發保護令，命相對人遠離其「工作場所」，則事業單位應確實遵守該命令，維護勞工在職場上的安全。

1. **通報內容**：宜包含事件發生地點、時間、事件發生時之行為、過程、加害嫌疑人及受害人關係等（e.g.：人、事、時、地、物）。

2. **專責人員處理**：專責人員處理案件，如被申訴人或加害人是雇主或監督管理者，應審慎處理之。

❖ 通報處理

處理過程須確保客觀、公平公正，落實被害者、申訴人、通報者之權益保障與隱私保護以避免遭報復，處理流程可參考**圖 3**。

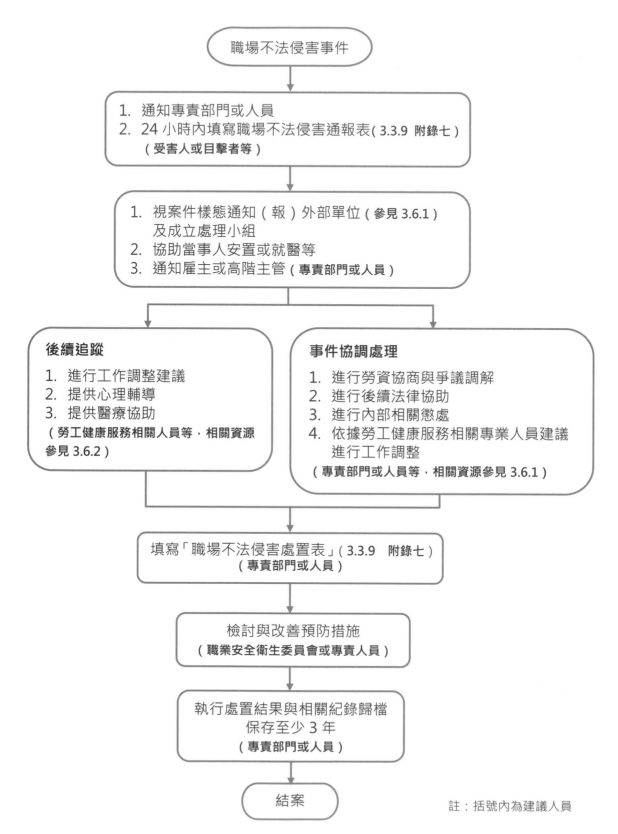

▲ 圖 3 職場不法侵害事件處理流程圖

目的事業主管機關訂有相關通報程序，應依其規定辦理，e.g.：**醫療機構發生危害醫院醫療安全事件，應依醫療法及衛福部之「危害醫院醫療安全之應變流程指引」通報。**

組織或雇主接獲申訴或通報後，應立即指派適當人員調查或處理，並對事件作出回應，**若為雇主涉案，應由客觀、中立的第三方擔任調查人員**，並詳細記錄調查內容，可尋求外部及專業的協助和意見。調查人員應鼓勵受害者詳實描述事件發生的細節，並對申訴內容作完整記錄、簽署及備份，如 **3.3.9 附錄七**。

1. **內部事件**：組織內部應落實保密，**通報窗口宜在人資部門或最高主管單位**（e.g.：總經理室／董事長室）。調查時，應有勞工代表參與，依事件性質與嚴重度，必要時，請求警衛或保全人員、警方介入。調查時確保被申訴人瞭解被申訴內容，享有獨立且公正調查的機會，調查內容應保密且**最遲於 1 個月內完成**，避免受害人或利害關係人受到不利之處遇。

2. **外部事件**：應注意啟動維安機制之時效，**宜與警方及檢調單位建立聯絡網，以及時通報不法侵害事件**。必要時提供建築物之空間佈置，以利警方調查或提供即時醫療處置。在尚未發生**不法侵害事件之早期警覺階段，可優先通報警衛／保全人員處理，適時警戒以避免實質事件發生**。必要時，隔離擬施暴者或將相關工作者暫置於安全處所，以保障工作者或服務對象之安全。

❖ 事後處置

當出現職場不法侵害問題時，雇主應依勞工受傷程度提供保護、安置及協助，並協助受害者的身心健康，同時保存相關事件表冊及報告，採取預防再發生之必要行動。

雇主或勞工可參考 **3.6.1** 及 **3.6.2** 所列資源，尋求外部相關目的事業主管機關或專業團體提供之身心健康諮詢、輔導或權益保障之協助。

1. **對受害人應提供立即性、持續性及支持性的保護措施**；受害或目睹不法侵害事件之勞工，可能會出現長、短期心理創傷、怕回到工作中、產生無力感等情緒問題，可安排諮商、同儕輔導、復健或休假，或彈性調整職務內容與工作時間等，給予支持和協助。

2. 受害勞工可經由**醫護或其他適當人員作後續追蹤**，作適性評估。 必要時，訂定包括創傷後壓力症候群等重大心理或醫療問題之因應計畫（若無設置醫護人員，可尋求勞動部成立之財團法人職業災害預防及重建中心提供轉介協助）。

3. 重大不法侵害個案，宜對內確切承諾，並**協助勞工提起損害賠償等訴訟之法律作為**。另對於評估確因執行職務發現有危及身體或生命之虞而自行停止作業及退避至安全場所之勞工，不得有不利之處分。

4. 若加害者為內部同仁，應**依內部懲處程序處理**，並讓受害者了解處理情形。若雙方關係已惡化至無法共事，宜調整職務或部門，且保護勞工免於不法侵害傷害。

5. **建立不法侵害事件報告制度，並定期於職業安全衛生委員會中審查事件調查報告**。事件發生後，檢討事件發生原因，組織並就工作環境、職務設計及保全議題等進行報告審查，以找出改善之空間，預防類似事件再發生。

3.3.7　執行成效之評估及改善

❖ 評估目的

為檢視採取的措施及評估流程是否有效，以作為未來預防措施改進的參考。

❖ 評估原則

1. 雇主應**定期進行職場不法侵害的績效評估**（頻率宜：**1 次／半年～一年**，高風險行業可增頻率），確認採取控制措施後的殘餘、新增風險，檢討其適用性及有效性。

2. 評估可由組織內部或外部專業人員主導，以確認職場不法侵害預防政策的適用性及有效性，並確實記錄。**對未能達到績效指標之缺失，可透過會議檢討研議改善對策**，俾利勞資雙方共同重視。

3. 不法侵害事件預防政策、危害評估報告、會議紀錄、訓練內容、通報表、處置表、醫療及賠償等紀錄以書面或電子化保存；**事件調查報告應以書面保存**，以利每年進行評估分析及提供勞動檢查人員檢視，相關檢核評估機制可參考 **3.3.9 附錄八**。

4. **不法侵害預防計畫推動之工作成果，宜定期由職業安全衛生人員或不法侵害工作小組成員於職業安全衛生委員會報告**，報告資料皆應保護勞工隱私（方法如：以整合資料方式呈現、或數據移除個人特定資料）。

❖ **參考指標**

以下指標可作為成效評估之考量，但仍應視各事業單位推動計畫之需求而定：

1. 危害辨識及風險屬中度風險以上之數量／比例（參照：職安署 GRI 403 揭露實務指南指標案例）。

2. 各部門／勞工對不法侵害政策／程序之遵循情形，e.g.：教育訓練參與率、人員資格、申訴／通報情形等。

3. 缺勤、病假、離職率及不法侵害事件發生率。

4. 應變處理／調查是否於時效內完成。

5. 保全系統的維護／效能。

6. 紀錄是否完整呈現。

7. 預定目標達成率。

❖ **評估方法**

1. 分析、統計不法侵害事件調查報告之職業災害類型比率及發生趨勢，並依職安法記錄並通報勞工傷病死亡事件。

2. 於調整職務、作業場所、行政管理、工作流程及裝設保全設施或新系統之前後，紀錄並評估不法侵害預防措施成效，如：不法侵害發生頻率及嚴重度是否下降。

3. 定期瞭解勞工作業情形，確認勞工於提供工作服務時，有無受敵意情境之經歷。

4. 隨時學習有關處理職場不法侵害之最新因應策略。

5. 定期邀請外部專家入廠審視，並提供改善勞工作業環境安全建議。

3.3.8 其他有關安全衛生事項

本項非撰寫「執行職務遭受不法侵害預防計畫」之必要項目，但事業單位仍可將執行不法侵害預防措施之相關安全衛生事項羅列於此項目中，已臻完善計畫內容。

範例寫法如下：

1. 預防流程啟動或重新評估時機如下：（１）組織調整、作業流程或場所變更時；（２）確認有同仁受到職場不法侵害時；（３）相關法規修正時。

2. 本預防計畫經職業安全衛生委員會訂定後公告實施，修正或增訂時亦同。

3.3.9 表單（含填寫範例）

1. 指引附錄表單的功能及其法規對應之預防措施如下：

項目	職業安全衛生設施規則 第 324-3 預防措施	表單內容
1	辨識及評估危害	附錄一：**一般行業**危害辨識及風險評估表 附錄二：**社工機構**危害辨識及風險評估表
2	適當配置作業場所	附錄三：**物理環境**檢點表、**工作場所設計**檢點表、**行政管制措施**檢點表
3	依工作適性適當調整人力	附錄四：**適性配工**檢點紀錄表、**工作設計**檢點紀錄表
4	建立行為規範	附錄五：預防職場不法侵害之**書面聲明**
5	辦理危害預防及溝通技巧訓練	附錄六：行為自主檢核表（**主管適用**）
6	建立事件處理程序	附錄七：職場不法侵害**通報表**、職場不法侵害**處置表**
7	執行成效之評估及改善	附錄八：預防措施查核及評估表
8	其他有關安全衛生事項	

2. 表單填寫範例如下：

❖ 附錄一 職場不法侵害預防之危害辨識及風險評估表【範例】

單位／部門：客服部／北區一課
受評估之場所：台中正辦公室
場所內工作型態及人數：電話客服（30人）

評估人員／評估日期：課長 林○○／112.07.05
審核人員／審核日期：職安衛部 王○○／112.07.05

潛在風險（不法侵害情境）註1	是	否	潛在不法侵害風險 類型（肢體／言語／心理／性騷擾／跟騷）註2	可能性（發生機率）	嚴重性（傷害程度）	風險等級（高中低）	現有控制措施（工程控制／管理控制／個人防護）	應增加或修正相關措施
外部不法侵害								
是否有組織外之人員（承包商、客戶、服務對象或親友等）因其行為無法預知，可能成為該區工作者之不法侵害來源	■	□	言語、性騷擾、跟騷	可能	中度傷害	高	工程控制：座位下方設有緊急求救鈴	無
是否有已知工作會接觸有暴力史之客戶	■	□	言語、性騷擾、跟騷	可能	中度傷害	高	管理控制：配置24小時輪值保全人員待命	無
勞工之工作性質是否為執行公共安全業務	□	■						
勞工之工作是否為單獨作業	□	■						
勞工是否需於深夜或凌晨工作	■	□	言語、性騷擾、跟騷	可能	中度傷害	高	工程控制：辦公室外裝設監視器	增設感應式照明

潛在風險 （不法侵害情境）註1	是	否	潛在不法侵害風險 類型（肢體/言語/心理/性騷擾/跟騷）註2	可能性 （發生機率）	嚴重性 （傷害程度）	風險等級 （高中低）	現有控制措施 （工程控制/管理控制/個人防護）	應增加或修正相關措施
勞工是否需於較陌生之環境工作	□	■						
勞工之工作是否涉及現金交易、運送或處理貴重物品	□	■						
勞工之工作是否為直接面對群眾之第一線服務工作	■	□	言語、性騷擾、跟騷	可能	中度傷害	高	管理控制：管制惡意撥打之電話號碼、配置24小時保全人員待命	無
勞工之工作是否會與酗酒、毒癮或精神疾病者接觸	□	■						
勞工之工作是否需接觸絕望或恐懼或亟需被關懷照顧者	□	■						
勞工當中是否有自行通報因私人關係遭受不法侵害威脅者或為家庭暴力受害者	■	□	肢體、心理、跟騷	可能	嚴重傷害	高	工程控制：辦公室外裝設監視器 管理控制：配置24小時保全人員待命	將同仁轉調到其他辦公室
新進勞工是否有尚未接受職場不法侵害預防教育訓練者	□	■						

潛在風險（不法侵害情境）註1	是	否	潛在不法侵害風險類型（肢體/言語/心理/性騷擾/跟騷）註2	可能性（發生機率）	嚴重性（傷害程度）	風險等級（高中低）	現有控制措施（工程控制/管理控制/個人防護）	應增加或修正相關措施
工作場所是否位於治安不佳或交通不便之偏遠地區	□	■						
工作環境中是否有讓施暴者隱藏的地方	□	■						
離開工作場所後，是否可能遭遇因執行職務致之不法侵害行為	□	■						
內部不法侵害								
組織內是否曾發生主管勞工遭受同事（含上司）不當言行之對待	■	□	言語、心理	不大可能	中度傷害	中	管理控制：進行溝通技巧教育訓練	安排人資專員面談，並調整雙方職務
是否有無法接受不同性別、年齡、國籍或宗教信仰之工作者	□	■						
是否有同仁之離職或請求調職原因源於職場不法侵害事件之發生	□	■						
是否有被同仁排擠或工作適應不良之工作者	■	□	心理	可能	中度傷害	高	管理控制：協助同仁利用員工協助方案	無

潛在風險 （不法侵害情境）註1	潛在不法侵害風險類型（肢體/言語/心理/性騷擾/跟騷）註2		可能性 （發生機率）	嚴重性 （傷害程度）	風險等級 （高中低）	現有控制措施 （工程控制/管理控制/個人防護）	應增加或修正相關措施
	是	否					
內部是否有酗酒、毒癮之工作者	□	■					
內部是否有情緒不穩定或精神疾患病史之工作者	□	■					
內部是否有處於情緒低落、絕望或恐懼，亟需被關懷照顧之工作者	□	■					
是否有超時工作、反應工作壓力大之工作者	□	■					
工作環境是否有空間擁擠、照明設備不足之問題	□	■					
工作場所出入是否未有相關管制措施	□	■					

註：1. 潛在風險為列舉，事業單位可自行依產業特性增列。

2. 潛在不法侵害風險類型以大歸類分為肢體、語言、心理、性騷擾及跟蹤騷擾，事業單位可自行細歸類。

▶ 表一 簡易風險等級分類

風險等級		嚴重性		
		嚴重傷害	中度傷害	輕度傷害
可能性	可能	高度風險	高度風險	中度風險
	不太可能	高度風險	中度風險	低度風險
	極不可能	中度風險	低度風險	低度風險

※ 風險評估方式說明

一、風險可由危害嚴重性及可能性之組合判定。評估嚴重度可考慮下列因素：

1. 可能受到到傷害或影響的部位、傷害人數等。

2. 傷害程度，一般可簡易區分為：

■ 輕度傷害，如：（1）表皮受傷、輕微割傷、瘀傷；（2）不適和刺激，如頭痛等暫時性的病痛；（3）言語上騷擾，造成心理短暫不舒服。

■ 中度傷害，如：（1）割傷、燙傷、腦震盪、嚴重扭傷、輕微骨折；（2）造成上肢異常及輕度永久性失能；（3）遭受言語或肢體騷擾，造成心理極度不舒服。

■ 嚴重傷害，如：（1）截肢、嚴重骨折、中毒、多重及致命傷害；（2）其它嚴重縮短生命及急性致命傷害；（3）遭受言語或肢體騷擾，可能造成精神相關疾病。

二、非預期事件後果的評估也是非常重要的工作。可能性等級之區分一般可分為：

1. 可能發生：一年可能會發生一次以上。

2. 不太可能發生：至少一至十年之內，可能會發生一次。

3. 極不可能發生：至少十年以上，才會發生一次。

三、風險是依據預估的可能性和嚴重性加以評估分類，如表一為 3×3 風險評估矩陣參考例，利用定性描述方式來評估危害之風險程度及決定是否為可接受風險之簡單方法。除風險矩陣模式外，也可將可能性及嚴重度依不同等級給予不同評分基準，再以其乘積作為該危害之風險值。

❖ 附錄二 社工機構職場不法侵害預防之危害辨識及風險評估表【範例】

單位／部門：OO長青福利基金會

受評估之場所：中部養護中心

場所內工作型態及人數：老人照護（20人）

評估人員／評估日期：組長 林 OO/112.07.05

審核人員／審核日期：主任 王 OO/112.07.05

潛在風險 （不法侵害情境）註1	是	否	潛在不法侵害風險類型（肢體／言語／心理／性騷擾／跟騷）註2	可能性 （發生機率）	嚴重性 （傷害程度）	風險等級 （高中低）	現有控制措施 （工程控制／管理控制／個人防護）	應增加或修正相關措施
是否有機構外之人員（案主、案主親友、服務使用者）因其行為無法預知，可能成為本機構勞工之職場暴力風險來源	■	□	肢體、言語	可能	中度傷害	高	工程控制：高風險區設置緊急按鈕、裝設 CCTV 個人防護：配置攜帶式靜音警報系統	無
是否有已知工作會接觸有犯罪紀錄或暴力史之案主或服務使用者	□	■						
勞工之工作是否為單獨作業（家訪）	■	□	肢體、言語、性騷擾	可能	中度傷害	高	個人防護：提供社工人員配備定位功能之警報器、配備電擊器或電擊棒	調整為 2 人作業
勞工是否需在深夜或凌晨工作	□	■						
勞工是否需於較陌生之環境工作	□	■						

潛在風險 （不法侵害情境）註1	是	否	潛在不法侵害風險類型（肢體／言語／心理／性騷擾／跟騷）註2	可能性 （發生機率）	嚴重性 （傷害程度）	風險等級 （高中低）	現有控制措施 （工程控制／管理控制／個人防護）	應增加或修正相關措施
勞工之工作是否為直接面對案主或服務使用者之第一線服務工作	■	□	肢體、言語	可能	中度傷害	高	工程控制：高風險區設置緊急按鈕、裝設 CCTV 管理控制：在高風險區域及位置有裝設監視器，告知註標語及警語，告知服務對象、分隔接待區與辦公區	配置保全人員
勞工之工作是否會與有酗酒、毒癮或精神疾病史之案主或服務使用者接觸	■	□	肢體、言語、性騷擾	可能	嚴重傷害	高	工程控制：高風險區設置緊急按鈕、裝設 CCTV、室內音量控制在 60dB 以下	配置保全人員
勞工之工作是否會與有身體、心理或智能障礙者之案主接觸	■	□	肢體、性騷擾	可能	嚴重傷害	高	工程控制：高風險區設置緊急按鈕、裝設 CCTV、室內音量控制在 60dB 以下	無
勞工之工作是否需接觸絕望、恐懼或亞需被關懷照顧者	■	□	肢體、性騷擾	可能	中度傷害	高	工程控制：高風險區設置緊急按鈕、裝設 CCTV、室內音量控制在 60dB 以下	無
勞工中是否有自行通報因私人關係遭受暴力威脅或成為已為家庭暴力受害者	□	■						

潛在風險 （不法侵害情境）註1	是	否	潛在不法侵害風險類型（肢體/言語/心理/性騷擾/跟蹤）註2	可能性 （發生機率）	嚴重性 （傷害程度）	風險等級 （高中低）	現有控制措施 （工程控制/管理控制/個人防護）	應增加或修正相關措施
新進社工人員是否有尚未接受職場暴力預防教育訓練者	□	■						
工作環境中是否有讓加害者隱藏的地方	□	■						
工作環境是否有空間擁擠或照明設備不足之問題	□	■						
工作環境是否有相關人員進出管制措施	■	□	肢體、言語、性騷擾	不太可能	中度傷害	中	管理控制：入口設置門禁管制、作業區設置兩個出入口	無
工作場所（含家訪）是否位於交通不便的偏遠地區	■	□	肢體、言語、性騷擾	可能	中度傷害	高	管理控制：家訪時搭乘公務車或特約計程車、提供社工人員配備定位功能之警報器	無
離開工作場所後，是否可能遭遇因執行職務所致之暴力行為	□	■						

註：1. 潛在風險為列舉，事業單位可自行依產業特性增列。

2. 潛在不法侵害風險類型以大類分為肢體、語言、心理、性騷擾及跟蹤騷擾，事業單位可自行細歸類。

簡易風險等級分類與風險評估方式說明（同附錄一）

❖ 附錄三　職場不法侵害預防之作業場所環境檢點紀錄表【範例】

「物理環境」方面

單位／處所：製造部／製造一課　　　作業內容：零件組裝　　　檢點日期：112.07.05

環境相關因子	現況描述（含現有措施）	應增加或改善之措施	建議可採行之措施
噪音	平均音量約為 54dB	無	保持最低限噪音（宜控制於 60 分貝以下），避免刺激勞工、訪客之情緒或形成緊張態勢
照明	作業區及走道之照度、照明符合法規標準	無	保持室內、室外照明良好，各區域視野清晰，特別是夜間出入口、停車場及貯藏室
溫度	平均為 26°C	無	在擁擠區域及天氣燥熱時，應保持空間內適當溫度、濕度及通風良好；消除異味
濕度	平均為 60%	無	
通風狀況	$CO_2 < 1000$ ppm	持續定期量測室內空氣品質監測儀	
建築結構	符合法規標準	工務部定期檢點	維護物理結構及設備之安全
相關使用之設備	空氣壓縮機故障	1. 新增備用的空壓機 2. 將責成工務部送回廠商檢修並定期實施檢點	

註：本表各項環境相關因子與建議可採行措施皆為例舉，事業單位得自行依產業特性修正與
　　增列。

- 檢點人員：許○○
- 單位主管：林○○
- 職業安全衛生人員：黃○○
- 人資／總務／工務或其他相關部門人員：張○○／何○○
- 該單位／處所之勞工代表：吳○○
- 勞工健康服務醫護人員：江○○

「工作場所設計」方面

單位／處所：○○醫院／急診室　　　作業內容：急診醫療　　　檢點日期：112.07.05

環境相關因子	現況描述（含現有措施）	應增加或改善之措施	建議可採行之措施
通道（公共通道或員工停車場等區域）	1. 員工證刷卡進出 2. 訪客登記	無	• 盡量減少對外通道分歧 • 設密碼鎖或門禁系統 • 員工停車場應盡量緊鄰工作場所 • 廁所、茶水間、公共電話區應有明顯標示，方便運用及有適當維護
工作空間	1. 設置緊急逃生出口 2. 訂定緊急疏散程序 3. 現場設置2個出口 4. 保全人員定時巡邏 5. 禁止放置尖銳物品	無	• 應設置安全區域並建立緊急疏散程序 • 工作空間內宜有兩個出口 • 辦公傢俱之擺設，應避免影響出入安全，傢俱宜量少質輕無銳角，儘可能固定 • 減少工作空間內出現可以作為武器的銳器或鈍物，如花瓶等 • 保全人員定時巡邏或安裝透明玻璃鏡，加強工作場所之安全監視 • 工作場所內之損壞物品，如燒壞的燈具及破窗，應及時修理
服務櫃台	櫃台裝設防彈玻璃及靜音式警報系統	無	• 有金錢業務交易之服務櫃台可裝設防彈或防碎玻璃，並另設置退避空間 • 安裝靜音式警報系統並與警政單位連線
服務對象或訪客等候空間	設有舒適的候診區及家屬等候區	無	• 安排舒適座位，準備雜誌、電視等物品，降低等候時的無聊感，焦慮感

環境相關因子	現況描述（含現有措施）	應增加或改善之措施	建議可採行之措施
室內外及停車場	有明亮照明設備	無	• 安裝明亮的照明設備
高風險位置	1. 設置緊急按鈕及警鈴 2. 設置 24 小時 CCTV 3. 設置無線電通訊設備	空間死角處增設自動照明設備及 CCTV	• 安裝安全設備，如警鈴系統、緊急按鈕、24 小時閉路監視器或無線電話通訊等裝置，並有定期維護及測試 • 警報系統如警鈴、電話、哨子、短波呼叫器，應提供給顯著風險區工作的勞工使用，或事件發生時能發出警報並通知同仁且求助 • 為避免警報系統激怒加害者，宜使用靜音式警報系統

註：本表各項環境相關因子與建議可採行措施皆為例舉，事業單位得自行依產業特性修正與增列。

- 檢點人員：黃○○
- 單位主管：簡○○
- 職業安全衛生人員：賴○○
- 人資／總務／工務或其他相關部門人員：張○○／林○○／陳○○
- 該單位／處所之勞工代表：許○○
- 勞工健康服務醫護人員：黃○○／李○○

「行政管制措施」方面

單位/處所：○○貿易公司　　　作業內容：產品買賣　　　檢點日期：112.07.05

場所位置	現況描述 （含現有措施）	應增加或 改善之措施	建議可採行之措施
門禁管制	訪客需至警衛室換訪客證進入公司	無	接待區域應有「訪客登記」或「訪客管制」措施
公共區域管制	訪客只能停留於公共區域	無	區域應劃分公共區域或作業區域，並控管人員進出
工作區域管制	員工證刷卡門禁管制	無	配戴識別證或通行證，避免未獲授權之人士擅自進出工作地點
進出管制	門關閉後自動上鎖	無	未使用的門予以上鎖，防止加害人進入及藏匿，惟應符合消防法規

註：本表各項環境相關因子與建議可採行措施皆為例舉，事業單位得自行依產業特性修正與
　　增列。

- 檢點人員：郭○○
- 單位主管：李○○
- 職業安全衛生人員：呂○○
- 人資/總務/工務或其他相關部門人員：蔡○○/簡○○
- 該單位/處所之勞工代表：劉○○
- 勞工健康服務醫護人員：蘇○○

❖ 附錄四　職場不法侵害預防之作業場所適性配工與工作設計檢點紀錄表【範例】

「適性配工」方面

單位／處所：○○超市　　　　　　　　　　　檢點日期：112.07.05

檢點項目	作業內容（含預防措施之現況描述）	從事作業人數	應增加或改善相關措施	建議可採行之措施
面對大量顧客（如重大節日之前後、尖峰時段）	重大節日及週年慶時加派作業人員	15	無	• 配置保全人員 • 提供勞工自我防衛工具 • 宿舍或交通接駁服務
單獨作業或夜間工作	夜班作業的櫃檯下方裝設警政單位連線之警報系統	15	提供員工電擊棒、哨子等自我防衛工具	• 強化人員緊急應變能力 • 提供勞工自我防衛工具
需在不同作業場所移動	支援分店時事先報備、如有需求2人協同作業	15	無	• 配置保全人員 • 明確規定移動流程
勞工舉報有遭受不法侵害威脅恐嚇者	無	0	無	• 配置保全人員 • 與他人協同作業

註：本表各檢點項目與建議可採行措施皆為例舉，事業單位得自行依產業特性修正與增列。

- 檢點人員：吳○○
- 單位主管：魏○○
- 職業安全衛生人員：簡○○
- 人資／總務／工務或其他相關部門人員：黃○○／蕭○○／胡○○
- 該單位／處所之勞工代表：劉○○
- 勞工健康服務醫護人員：王○○／畢○○

「工作設計」方面

單位／處所：○○手機維修中心　　　　　　　　　　檢點日期：112.07.05

檢點項目	作業內容 （含預防措施之現況描述）	應增加或改善相關措施	建議可採行之措施
需與公眾接觸之服務	建立解決故障排除問題的標準化流程	建置線上客服減少與服務對象互動可能產生之衝突	簡化工作流程，減少工作者與服務對象於互動過程之衝突
工作單調重複或負荷過重	職務定期輪動、加班時數管控	無	• 排班應取得勞工同意並保有規律性 • 避免連續夜班、工時過長或經常性加班累積工作壓力
其他職場友善措施	1. 配置人體工學椅及可調式工作桌 2. 員工子女特約安親班 3. 提供員工每週一次按摩服務	無	• 允許適度的勞工自治，保有充分時間對話、分享資訊及解決問題 • 於職場提供勞工社交活動或推動員工協助方案，並鼓勵勞工參與 • 針對勞工需求提供相關之福利措施，如彈性工時、設立托兒所、單親家庭或家暴特定協助等，有助於調和職業及家庭責任，並有效預防職場不法侵害

註：本表各檢點項目與建議可採行措施皆為例舉，事業單位得自行依產業特性修正與增列。

- 檢點人員：李○○
- 單位主管：陳○○
- 職業安全衛生人員：黃○○
- 人資／總務／工務或其他相關部門人員：謝○○／郭○○
- 該單位／處所之勞工代表：張○○
- 勞工健康服務醫護人員：劉○○

❖ 附錄五 OO 股份有限公司 預防職場不法侵害之書面聲明【範例】

本公司為保障所有員工在執行職務過程中，免於遭受身體或精神不法侵害而致身心理疾病，特以書面加以聲明，絕不容忍任何本公司之管理階層主管有職場不法侵害之行為，亦絕不容忍本公司員工同仁間或顧客、客戶、照顧對象及陌生人對本公司員工有職場不法侵害之行為。

一、職場不法侵害的定義：工作人員在與工作相關的環境中（包含通勤）遭受虐待、威脅或攻擊，以致於明顯或隱含地對其安全、福祉或與健康構成挑戰的事件。

二、職場不法侵害行為的樣態：

1. 肢體不法侵害（如：毆打、抓傷、拳打、腳踢等）。

2. 心理不法侵害（如：威脅、欺凌、騷擾、辱罵等）。

3. 語言不法侵害（如：恐嚇、干擾、歧視等）。

4. 性騷擾（如：不當的性暗示與行為等）。

5. 跟蹤騷擾（如：監視觀察、尾隨接近、不當追求、通訊騷擾等）。

三、員工遇到職場不法侵害怎麼辦：

1. 向同事尋求建議與支持。

2. 與加害者理性溝通，表達自身感受。

3. 思考自身有無缺失，請同事誠實的評估你的為人與工作表現，找出問題點。

4. 盡可能以錄音或任何方式記錄加害者行為做為證據。

5. 向公司提出申訴。

四、本公司所有員工均有責任協助確保免於職場不法侵害之工作環境，任何人目睹及聽聞職場不法侵害事件發生，皆得通知本公司人資部門或撥打員工申訴專線，本公司接獲申訴後會採取保密的方式進行調查，若被調查屬實者，將會進行懲處。本公司絕對禁止對申訴者、通報者或協助調查者有任何報復之行為，若有，將會進行懲處。

五、本公司對於因執行職務發現有危及身體或生命之虞，而自行停止作業或退避至安全場所之勞工，事後絕不會對其處以不利之處分。

六、本公司鼓勵同仁均能利用所設置之內部申訴處理機制處理此類糾紛，但如員工需要額外協助本公司亦將盡力協助提供。

七、本公司職場不法侵害諮詢、申訴管道：

申訴專線電話：00-000000　　　申訴專用電子信箱：OOOOOOOOO@com.tw

公司負責人：董事長 蕭 OO　　　簽署日期：112.07.05

❖ 附錄六 職場不法侵害行為自主檢核表【範例】

職場不法侵害行為自主檢核項目
■ 持續的吹毛求疵，在小事上挑剔，把微小的錯誤放大、扭曲。
☐ 總是批評並拒絕看見被霸凌者的貢獻或努力，也持續地否定被霸凌者的存在與價值。
☐ 總是試圖貶抑被霸凌者個人、職位、地位、價值與潛力。
☐ 在職場中被特別挑出來負面地另眼看待，孤立被霸凌者，對其特別苛刻，用各種小動作欺負被霸凌者。
☐ 以各種方式鼓動同事孤立被霸凌者、不讓被霸凌者參與重要事務或社交活動，把被霸凌者邊緣化，忽視、打壓排擠及冷凍被霸凌者。
☐ 在他人面前輕視或貶抑被霸凌者。
☐ 在私下或他人面前對被霸凌者咆哮、羞辱或威脅。
☐ 給被霸凌者過重的工作，或要其大材小用去做無聊的瑣事，甚至完全不給被霸凌者任何事做。
☐ 剽竊被霸凌者的工作成果或聲望。
☐ 讓被霸凌者的責任增加卻降低其權力或地位。
☐ 不准被霸凌者請假。
☐ 不准被霸凌者接受必要的訓練，導致其工作績效不佳。
☐ 給予被霸凌者不實際的工作目標，或當其正努力朝向目標時，卻給被霸凌者其他任務以阻礙其前進。
☐ 突然縮短交件期限，或故意不通知被霸凌者工作時限，害其誤了時限而遭到處分。
☐ 將被霸凌者所說或做的都加以扭曲與誤解。
☐ 用不是理由的理由且未加調查下，對被霸凌者犯下的輕微錯誤給予沈重處罰。
☐ 在未犯錯的情形下要求被霸凌者離職或退休。

註：1. 若所列舉之行為勾選愈多，宜注意調整對同仁之態度。

　　2. 參考資料來源：勞動部工作生活平衡網（勞工活力補給＼職場萬花筒＼如何處理職場霸凌＼職場霸凌面面觀＼https://wlb.mol.gov.tw/Page/Content.aspx?id＝116）

❖ 附錄七 職場不法侵害通報表【範例】

通報內容	
發生日期：112.07.05　　　時間：13:00	發生地點：茶水間
受害者	加害者
姓名或特徵：張亞靜 性別：□男　■女 □外部人員 ■內部人員（所屬部門／單位：文宣部）	姓名或特徵：簡成力 性別：■男　　□女 □外部人員 ■內部人員（所屬部門／單位：組織部）
受害者及加害者關係： 同事	發生原因及過程： 簡成力在茶水間摸張亞靜的腰
不法侵害類型： □肢體不法侵害　　□語言不法侵害 □心理不法侵害　　■性騷擾 □跟蹤騷擾　　　　□其他：＿＿＿＿＿	造成傷害：□無　　　■有（請填下述內容） 1. 傷害者：■受害者　□加害者 　　　　　□其他＿＿＿＿＿＿＿＿ 2. 傷害程度：心理創傷 目擊者：■無　　　□有（請填姓名）

通報人：翁文方　　　　　　　　　　　　通報日期／時間：112.07.10 9:00

處置情形	
受理日期：112.07.10　　　　時間：09:00	調查時間：112.07.10　　09:30
參與調查或處理人員： □外部人員 ■內部人員（副祕書長、文宣部主任及組織部主任）	傷害者需醫療處置否：■否　　□是 事發後雙方調解否：　■否　　□是
受害者說明發生經過與不法侵害原因：簡哥假藉說我太瘦而摸我的腰 加害者說明發生經過與不法侵害原因：我只是關心晚輩沒有吃豆腐的意思 目擊者說明發生經過與不法侵害原因：無 調查結果：CCTV 有拍到簡成力確實有觸碰張亞靜的腰	
受害者安置情形	加害者懲處情形
□無　　　　□醫療協助　■心理諮商 □同儕輔導　□調整職務　■休假 □法律協助　□其他：＿＿＿＿＿＿＿	外部人員：□無　□送警法辦 內部人員：□無　■調整職務　□送警法辦 ■其他：簡成力已提出離職申請
向受害者說明事件處理結果否：□否　■是（日期：112.07.20） 未來改善措施：黨部內持續加強性別平等教育訓練，強調職場不法侵害零容忍	

處理者：陳家競　　　　　　　　　　　　處理日期 / 時間：112.07.20 09:00

審核者：林月真　　　　　　　　　　　　審核日期 / 時間：112.07.20 10:00

❖ 附錄八 職場不法侵害預防措施查核及評估表【範例】

單位／部門：○○科技公司 　　　　　　　　檢核／評估日期：112.07.05

項目	檢核重點	結果	修正相關控制措施／改善情形
辨識及評估危害	■組織 ■個人因素 ■工作環境 ■工作流程	112.06.10 單位一級主管已會同職安、職護、人資人員完成評估表	無
適當配置作業場所	■物理環境 ■工作場所設計	112.07.01 完成檢點紀錄表	增加室內照明及定期監測室內空氣品質
依工作適性適當調整人力	■適性配工 ■工作設計	112.07.01 完成檢點紀錄表	無
建構行為規範	■組織政策規範 ■個人行為規範	112.06.01 已由董事長公開宣示並公告於公司官網	無
辦理危害預防及溝通技巧訓練	■教育訓練場次 ■教育訓練內容 ■情境模擬、演練 ■作手冊或指引並公告	1. 112.07.10 已辦理「職場溝通技巧及危機化解」教育訓練 2. 相關教材已置於線上學院	無
建立事件處理程序	■建立申訴或通報機制 ■通報處置 ■每位同仁清楚通報流程 ■相關資源連結 ■紀錄	1. 已建置線上通報平台 2. 新進同仁加強宣導職場不法侵害通報處置流程	1. 相關外部協助資源連結公告於公司內網首頁供同仁週知 2. 各部門主管於部門會議中宣達
執行成效之評估及改善	■定期審視評估成效 ■相關資料統計分析 ■事件處理分析 ■報告成果 ■紀錄	第二季職安委員會議時由職安部彙報職場不法侵害事件統計數據及個案處置結果	無
其他事項	■增聘職場不法侵害事件外部調查專家	112.06.15 已發聘書	無

註：本表各檢核重點，事業單位得自行依產業特性需求修正與增列。

■評估人員：林○○ 　　　　　　■單位主管：伍○○

3.4 實作範例

（事業單位名稱）^{註1} 執行職務遭受不法侵害預防計畫

112 年 OO 月 OO 日修訂

一、 目的

依職業安全衛生法（下稱職安法）第 6 條第 2 項規定，雇主對執行職務因他人行為遭受身體或精神不法侵害之預防，應妥為規劃及採取必要之安全衛生措施。為預防本公司職場不法侵害事件之發生，並確保同仁及所有工作者工作安全及身心健康，特訂定本計畫。

二、適用對象

本公司勞動場所內之同仁及所有工作者。

三、定義

本計畫所稱執行職務因他人行為遭受身體或精神不法侵害（下稱職場不法侵害）：指本公司同仁或工作者因執行職務，於勞動場所遭受雇主、主管、同事、顧客或承攬商等之不法侵害行為，而造成身體或心理之傷害。

當接獲同仁或工作者於勞動場所內遭受下列之職場不法侵害時，應即啟動本計畫：

1. 肢體暴力（如：毆打、抓傷、拳打、腳踢等）

2. 心理暴力（如：威脅、欺凌、騷擾、辱罵等）

3. 語言暴力（如：霸凌、恐嚇、干擾、歧視等）

註 1　程序書中書寫事業單位抬頭常不在標題處，建議相關文件起草、撰寫者可洽詢公司內部文件管理者或文件管理單位。

4. 性騷擾（如：不當的性暗示與行為等）

5. 跟蹤騷擾（如：監視觀察、尾隨接近、不當追求、通訊騷擾等）

四、權責

(一) 董事長

1. 公開宣示本公司預防職場不法侵害之書面聲明（附件一）。

2. 指派一高階主管督導管理本計畫依法執行並擔任不法侵害事件處理小組召集人。

(二) 人力資源部（下稱人資部）

1. 協助本計畫之規劃、推動及執行。

2. 協助實施職場不法侵害辨識與評估。

3. 有關當事者職務調動安排與終止勞動契約告知作業時，負責提供必要保護之措施。

4. 辦理職場不法侵害相關教育訓練，如：危害預防及溝通技巧訓練、職場霸凌 / 暴力、性騷擾及跟蹤騷擾行為與相關衍生法律知識等。

5. 協助被害者提起損害賠償等訴訟之法律作為。

6. 負責公司內部紛爭調解程序。

(三) 職業安全衛生部（下稱職安部）

職業安全衛生管理人員：

1. 擬訂、推動及執行本計畫。

2. 當接獲其他部門填寫之「職場不法侵害通報表」（附件九）時，依本公司職場不法侵害事件處理程序流程圖（附件十）會辦人資部辦理相關事宜。

3. 協助進行職場不法侵害危害辨識與評估，必要時會辦相關單位請其提供必要之保護措施。

4. 協助辦理職場不法侵害相關教育訓練。

5. 提供相關法規諮詢。

勞工健康服務護理人員：

1. 協助實施職場不法侵害危害辨識與評估，並針對高風險族群，並提供改善建議。

2. 給予受害者心理輔導及醫療協助，並提出相關健康指導、工作調整或更換等身心健康保護措施之適性評估與建議。

3. 協助辦理職場不法侵害相關教育訓練。

保全人員：

1. 高風險作業區域定時巡邏。

2. 進出大門金屬探測安全檢查。

3. 協助暴力傷害預防。

(四) 部門主管

1. 督導部門推動與執行本計畫。

2. 審核部門填寫之危害辨識及風險評估表（附件二）。

3. 審核部門填寫之作業場所環境檢點紀錄表（附件三～五）。

4. 審核部門填寫之作業場所適性配工與工作設計檢點紀錄表（附件六～七）。

5. 針對風險評估結果，改善工作場所之預防保護措施及並適性安排同仁的工作。

6. 填寫職場不法侵害行為自主檢核表（附件八）。

7. 接獲部門同仁遭遇遭受職場不法侵害時，於 24 小時內填寫「職場不法侵害通報表」（附件九）通報職安部。

8. 負責部門之職場不法侵害之預防、調查及處置並提供同仁必要之保護措施。

9. 接受職場不法侵害相關教育訓練。

(五) 現場作業主管

1. 負責本計畫之執行。

2. 填寫危害辨識及風險評估表（附件二）。

3. 填寫作業場所環境檢點紀錄表（附件三～五）。

4. 填寫部門作業場所適性配工與工作設計檢點紀錄表（附件六～七）。

5. 填寫職場不法侵害行為自主檢核表（附件八）。

6. 負責作業場所之職場不法侵害之預防、調查及處置並提供同仁必要之保護措施。

7. 接受職場不法侵害相關教育訓練。

(六) 作業現場勞工

1. 配合本計畫之執行與參與。

2. 接受相關預防教育訓練。

3. 配合職場不法侵害之預防、調查及處置。

五、執行流程

(一) 建構行為規範

董事長簽署禁止工作場所職場不法侵害之書面聲明（附件一）由人資部張貼公告，並與勞工代表共同將本計畫內容訂定至安全衛生工作守則；各單位主管以電子郵件宣達予同仁知悉，另單位主管應填寫「職場不法侵害行為自我檢視檢核表」（附件八）進行自評。

(二) 危害辨識及評估

1. 本公司各部門，每年定期評估一次或發生職場不法侵害事件後填寫「職場不法侵害預防之危害辨識及風險評估表」（附件二），進行工作場所風險分級。

2. 已發生職場不法侵害之事件，判定存在潛在風險，由單位主管指派人員協助個案管理，並通知勞工健康服務護理人員進行後續追蹤以提供心理輔導及醫療協助並給予工作調整的建議；性騷擾及跟蹤騷擾之不法侵害事件，依本公司「性騷擾防治措施、申訴及懲戒辦法」辦理。

(三) 適當配置作業場所

為預防職場不法侵害之發生，針對單位內之作業場所配置，可透過職場不法侵害預防之作業場所環境檢點紀錄表（附件三～五）進行相關檢點與改善，定期每一年重新評估一次。

(四) 依工作適性調整人力

為預防職場不法侵害之發生,對於工作適性適當調整人力部分,可透過職場不法侵害預防之作業場所「適性配工」與「工作設計」檢點紀錄表(附件六～七)進行檢點與改善,定期每一年重新評估一次。

(五) 辦理危害預防及溝通技巧教育訓練

同仁及單位主管:

1. 人際關係及溝通技巧。

2. 認識組織內部職場暴力預防政策、安全設備及資源體系。

3. 工作者工作環境潛在風險認知,認識可能遇到的攻擊性行為及應對方法。

4. 對有暴力傾向人士之識別方法。

5. 保護個人及同事的暴力預防措施及程序。

6. 顧客溝通、解決衝突及危機處理的技巧及案例分析。

單位主管增列:

1. 心理諮商及情緒管理課程。

2. 職場暴力及職場霸凌案例分析。

3. 鼓勵員工通報職場暴力事件之方法。

4. 對暴力事件調查與訪談技巧。

5. 向受害者表達關心、支援與輔導方法。

6. 識別職場潛在危害及處理之技巧。

7. 了解職場暴力行為相關法律知識。

(六) 建立事件處理程序

將公司內職場不法侵害處理流程(附件十一)宣導至所有同仁,確保其均清楚申訴方法、申訴過程必須客觀、公平及公正,對受害人及申訴者之權益及隱私完全保密。

以下為本公司處理程序：

1. 性騷擾及跟蹤騷擾事件：

   (1) 同仁疑似遭遇性騷擾及跟蹤騷擾事件時，通知部門主管，可由被害者或由部門主管協助於「性騷擾及跟蹤騷擾事件申訴平台」提出申訴，並於 24 小時內填寫「職場不法侵害通報單」（附件九）回傳職安部後會辦人資部，經公司內部調查後，事件當事人對公司調查結果不服者，得於通知到達後 10 日內敘明理由提出申復。

   (2) 單位主管於知悉性騷擾及跟蹤騷擾之情形時，應採取立即之糾正及補救措施。

2. 內部不法侵害事件：

   (1) 同仁疑似遭遇職場不法侵害時，通知部門主管，可由被害者或由部門主管協助於「職場不法侵害申訴平台」提出申訴，並於 24 小時內填寫「職場不法侵害通報單」（附件九）回傳職安部，後會辦人資部。

   (2) 為調解或處理同仁間的紛爭，以促進辦公環境的和諧，人資部設有「紛爭調解委員會」，如有調解意願，請撥打分機 23560 提出申請。

   (4) 同仁若無調解意願，提具相關事證，得陳請董事長指派一高階主管成立調查小組調查，調查小組成員應至少有 1 位勞工身分者，若涉案者為雇主或事件複雜，得邀請外部專家協助調查。

   (5) 職安部填寫職場不法侵害處理表（附件十），依據事件樣態，會辦相關單位協助提供改善措施。勞工健康服務護理人員進行關懷提供工作適性評估及建議，另依工作者狀況轉介勞工健康服務中心、財團法人災害預防及重建中心等協助資源。

3. 外部不法侵害事件：通知警方處置。

(七) 執行成效之評估及改善：

1. 本公司鼓勵同仁主動報告所有受到職場不法侵害之事件，以協助處理、輔導，職場不法侵害事件發生後，單位應對作業環境及職務進行審查檢討，找出改善之空間並將並將執行情形記錄於職場不法侵害預防措施查核及評估表（附件十二）。

2. 職場不法侵害相關之會議紀錄、訓練內容、評估報告、申訴單、醫療及賠償紀錄等，單位亦應予以保存，以助每年進行風險評估和分析。所有職場不法侵害事件之調查報告應以書面紀錄、保管，以利事後審查。

五、其他有關安全衛生事項

（一）本計畫執行紀錄或相關文件等應歸檔 存紀錄 3 年。

（二）本計畫經職業安全衛生委員會通過後實施，修正時亦同。

六、表單

（一）附件一 預防職場不法侵害之書面聲明

（二）附件二 危害辨識及風險評估表

（三）附件三 物理環境檢點紀錄表

（四）附件四 工作場所設計檢點紀錄表

（五）附件五 行政管制措施檢點紀錄表

（六）附件六 適性配工檢點紀錄表

（七）附件七 工作設計檢點紀錄表

（八）附件八 職場不法侵害行為自主檢核表

（九）附件九 職場不法侵害通報表

（十）附件十 職場不法侵害處置表

（十一）附件十二 職場不法侵害預防措施查核及評估表

❖ 附件一（事業單位名稱）預防職場不法侵害之書面聲明

為保障同仁在執行職務過程中，免於遭受身體或精神不法侵害而致身心理疾病，特以書面加以聲明，絕不容忍任何本公司之管理階層主管有職場不法侵害之行為，亦絕不容忍本公司同仁間或顧客、承攬商及陌生人對本公司同仁有職場不法侵害之行為。

一、職場不法侵害的定義：同仁在勞動場所因執行職務而遭受雇主、主管、同事、服務對象或其他第三方的不法侵害行為。

二、職場不法侵害行為的樣態：

1. 肢體不法侵害（如：毆打、抓傷、拳打、腳踢等）。

2. 心理不法侵害（如：威脅、欺凌、騷擾、辱罵等）。

3. 語言不法侵害（如：恐嚇、干擾、歧視等）。

4. 性騷擾（如：不當的性暗示與行為等）。

5. 跟蹤騷擾（如：監視觀察、尾隨接近、不當追求、通訊騷擾等）。

三、同仁遇到職場不法侵害怎麼辦：

1. 向同事尋求建議與支持。

2. 與加害者理性溝通，表達自身感受。

3. 思考自身有無缺失，請同事誠實的評估你的為人與工作表現，找出問題點。

4. 盡可能以錄音或任何方式記錄加害者行為做為證據。

5. 向公司提出申訴。

四、本公司所有同仁均有責任協助確保免於職場不法侵害之工作環境，任何人目睹及聽聞職場不法侵害事件發生，皆得於通報主管及職安部，並於申訴平台上申訴，本公司接獲申訴後會採取保密的方式進行調查，若被調查屬實者，將會進行懲處。本公司絕對禁止對申訴者、通報者或協助調查者有任何報復之行為，若有，將會進行懲處。

五、本公司對於因執行職務發現有危及身體或生命之虞，而自行停止作業或退避至安全場所之同仁，事後絕不會對其處以不利之處分。

六、本公司鼓勵同仁均能利用所設置之內部申訴處理機制處理此類糾紛，但如同仁需要額外協助，本公司亦將盡力協助提供。

七、本公司職場不法侵害諮詢、申訴管道：

申訴專線電話：　　　　　　　申訴專用電子信箱：

公司負責人：　　　　　　　　簽署日期：

❖ 附件二 職場不法侵害預防之危害辨識及風險評估表

單位／部門：

受評估之場所：

場所內工作型態及人數：

評估人員／評估日期：

審核人員／審核日期：

潛在風險 （不法侵害情境）註1	是	否	潛在不法侵害風險 類型（肢體／言語／ 心理／性騷擾／ 跟騷）註2	可能性 （發生機率）	嚴重性 （傷害程度）	風險等級 （高中低）	現有控制措施 （工程控制／ 管理控制／ 個人防護）	應增加或 修正相關措施
外部不法侵害								
是否有組織外之人員（承包商、客戶、服務對象或親友等）因其行為無法預知，可能成為該區工作者之不法侵害來源	☐	☐						
是否已知工作會接觸有暴力史之客戶	☐	☐						
勞工之工作性質是否為執行公共安全業務	☐	☐						
勞工之工作是否為單獨作業	☐	☐						
勞工是否需於深夜或凌晨工作	☐	☐						

潛在風險（不法侵害情境）註1	是	否	潛在不法侵害風險 類型（肢體/言語/心理/性騷擾/跟騷）註2	可能性（發生機率）	嚴重性（傷害程度）	風險等級（高中低）	現有控制措施（工程控制/管理控制/個人防護）	應增加或修正相關措施
勞工是否需於較陌生之環境工作	☐	☐						
勞工之工作是否涉及現金交易、運送或處理貴重物品	☐	☐						
勞工之工作是否為直接面對群眾之第一線服務工作	☐	☐						
勞工之工作是否會與酗酒、毒癮或精神疾病者接觸	☐	☐						
勞工之工作是否需接觸絕望或恐懼或亟需被關懷照顧者	☐	☐						
勞工當中是否有自行通報因私人關係遭受不法侵害威脅或為家庭暴力受害者	☐	☐						
新進勞工是否有尚未接受職場不法侵害預防教育訓練者	☐	☐						
工作場所是否位於治安不佳或交通不便之偏遠地區	☐	☐						

潛在風險 （不法侵害情境）註1	是	否	潛在不法侵害風險類型（肢體/言語/心理/性騷擾/跟騷）註2	可能性 （發生機率）	嚴重性 （傷害程度）	風險等級 （高中低）	現有控制措施 （工程控制/管理控制/個人防護）	應增加或 修正相關措施
工作環境中是否有讓施暴者隱藏的地方	☐	☐						
離開工作場所後，是否可能遭遇因執行職務所致之不法侵害行為	☐	☐						
內部不法侵害								
組織內是否曾發生主管或勞工遭同事（含上司）不當言行之對待	☐	☐						
是否有無法接受不同性別、年齡、國籍或宗教信仰之工作者	☐	☐						
是否有同仁之離職或請求調職原因源於職場不法侵害事件之發生	☐	☐						
是否有被同仁排擠或工作適應不良之工作者	☐	☐						

潛在風險（不法侵害情境）註1	是	否	潛在不法侵害風險類型（肢體/言語/心理/性騷擾/跟騷）註2	可能性（發生機率）	嚴重性（傷害程度）	風險等級（高中低）	現有控制措施（工程控制/管理控制/個人防護）	應增加或修正相關措施
內部是否有酗酒、毒癮之工作者	☐	☐						
內部是否有情緒不穩定或精神疾患病史之工作者	☐	☐						
內部是否有處於情緒低落、絕望或恐懼，亟需被關懷照顧之工作者	☐	☐						
是否有超時工作、反應工作壓力大之工作者	☐	☐						
工作環境是否有空間擁擠、照明設備不足之問題	☐	☐						
工作場所出入是否未有相關管制措施	☐	☐						

註：1. 潛在風險為列舉，事業單位可自行依產業特性增列。

2. 潛在不法侵害風險類型以大歸類分為肢體、語言、心理、性騷擾及跟蹤騷擾，事業單位可自行細歸類。

風險等級	嚴重性		
可能性	輕度傷害	中度傷害	嚴重傷害
可能	中度風險	高度風險	高度風險
不太可能	低度風險	中度風險	高度風險
極不可能	低度風險	低度風險	中度風險

※ 風險評估方式說明

一、風險可由危害嚴重性及可能性之組合判定。評估嚴重度可考慮下列因素：

1. 可能受到傷害或影響的部位、傷害人數等。

2. 傷害程度，一般可簡易區分為：

■ 輕度傷害，如：（1）表皮受傷、輕微割傷、瘀傷；（2）不適和刺激，如頭痛等暫時性的病痛；（3）言語上騷擾，造成心理短暫不舒服。

■ 中度傷害，如：（1）割傷、燙傷、腦震盪、嚴重扭傷、輕微骨折；（2）造成上肢異常及輕度永久性失能；（3）遭受言語或肢體騷擾，造成心理極度不舒服。

■ 嚴重傷害，如：（1）截肢、嚴重骨折、中毒、多重及致命傷害；（2）其它嚴重縮短生命及急性致命性傷害；（3）遭受言語或肢體騷擾，可能造成精神相關疾病。

二、非預期事件後果的評估也是非常重要的工作。可能性等級之區分一般可分為：

1. 可能發生：一年可能會發生一次以上。

2. 不太可能發生：至少一至十年之內，可能會發生一次。

3. 極不可能發生：至少十年以上，才會發生一次。

三、風險是依據預估的可能性和嚴重性加以評估分類，如表一為 3×3 風險評估矩陣參考例，利用定性描述方式來評估危害之風險程度及決定是否為可接受風險之簡單方法。除風險矩陣模式外，也可將可能性及嚴重度依不同評分等級給予不同評分基準，再以其乘積作為該危害之風險值。

❖ 附件三 職場不法侵害預防之作業場所環境檢點紀錄表

「物理環境」方面

單位／處所：　　　　　　作業內容：　　　　　　檢點日期：

環境相關因子	現況描述（含現有措施）	應增加或改善之措施	建議可採行之措施
噪音			保持最低限噪音（宜控制於 60 分貝以下），避免刺激勞工、訪客之情緒或形成緊張態勢
照明			保持室內、室外照明良好，各區域視野清晰，特別是夜間出入口、停車場及貯藏室
溫度			在擁擠區域及天氣燥熱時，應保持空間內適當溫度、濕度及通風良好；消除異味
濕度			
通風狀況			
建築結構			維護物理結構及設備之安全
相關使用之設備			

註：本表各項環境相關因子與建議可採行措施皆為例舉，事業單位得自行依產業特性修正與增列。

☐ 檢點人員：

☐ 單位主管：

☐ 人資／總務／工務或其他相關部門人員：

☐ 該單位／處所之勞工代表：

☐ 勞工健康服務醫護人員：

☐ 職業安全衛生人員：[註2]

註2　考量常見危害辨識、風險評估彙整單位為職安相關部門，調整簽核順序，建議依貴公司運作方式調整。後續表單同此考量。

❖ 附件四 職場不法侵害預防之作業場所環境檢點紀錄表

「工作場所設計」方面

單位／處所：　　　　　　　作業內容：　　　　　　　檢點日期：

環境相關因子	現況描述（含現有措施）	應增加或改善之措施	建議可採行之措施
通道（公共通道或員工停車場等區域）			• 盡量減少對外通道分歧 • 設密碼鎖或門禁系統 • 員工停車場應盡量緊鄰工作場所 • 廁所、茶水間、公共電話區應有明顯標示，方便運用及有適當維護
工作空間			• 應設置安全區域並建立緊急疏散程序 • 工作空間內宜有兩個出口 • 辦公傢俱之擺設，應避免影響出入安全，傢俱宜量少質輕無銳角，儘可能固定 • 減少工作空間內出現可以作為武器的銳器或鈍物，如花瓶等 • 保全人員定時巡邏或安裝透明玻璃鏡，加強工作場所之安全監視 • 工作場所內之損壞物品，如燒壞的燈具及破窗，應及時修理
服務櫃台			• 有金錢業務交易之服務櫃台可裝設防彈或防碎玻璃，並另設置退避空間 • 安裝靜音式警報系統並與警政單位連線

環境相關因子	現況描述（含現有措施）	應增加或改善之措施	建議可採行之措施
服務對象或訪客等候空間			• 安排舒適座位，準備雜誌、電視等物品，降低等候時的無聊感，焦慮感
室內外及停車場			• 安裝明亮的照明設備
高風險位置			• 安裝安全設備，如警鈴系統、緊急按鈕、24 小時閉路監視器或無線電話通訊等裝置，並有定期維護及測試 • 警報系統如警鈴、電話、哨子、短波呼叫器，應提供給顯著風險區工作的勞工使用，或事件發生時能發出警報並通知同仁且求助 • 為避免警報系統激怒加害者，宜使用靜音式警報系統

註：本表各項環境相關因子與建議可採行措施皆為例舉，事業單位得自行依產業特性修正與增列。

☐ 檢點人員：

☐ 單位主管：

☐ 人資 / 總務 / 工務或其他相關部門人員：

☐ 該單位 / 處所之勞工代表：

☐ 勞工健康服務醫護人員：

☐ 職業安全衛生人員：

❖ 附件五 職場不法侵害預防之作業場所環境檢點紀錄表

「行政管制措施」方面

單位／處所： 作業內容： 檢點日期：

場所位置	現況描述 （含現有措施）	應增加或 改善之措施	建議可採行之措施
門禁管制			接待區域應有「訪客登記」或「訪客管制」措施
公共區域管制			區域應劃分公共區域或作業區域，並控管人員進出
工作區域管制			配戴識別證或通行證，避免未獲授權之人士擅自進出工作地點
進出管制			未使用的門予以上鎖，防止加害人進入及藏匿，惟應符合消防法規

註：本表各項環境相關因子與建議可採行措施皆為例舉，事業單位得自行依產業特性修正與
　　增列。

☐ 檢點人員：

☐ 單位主管：

☐ 人資／總務／工務或其他相關部門人員：

☐ 該單位／處所之勞工代表：

☐ 勞工健康服務醫護人員：

☐ 職業安全衛生人員：

❖ 附件六　職場不法侵害預防之作業場所適性配工與工作設計檢點紀錄表

「適性配工」方面

單位 / 處所：　　　　　　　　　　　　　　　檢點日期：

檢點項目	作業內容（含預防措施之現況描述）	從事作業人數	應增加或改善相關措施	建議可採行之措施
面對大量顧客（如重大節日之前後、尖峰時段）				• 配置保全人員 • 提供勞工自我防衛工具 • 宿舍或交通接駁服務
單獨作業或夜間工作				• 強化人員緊急應變能力 • 提供勞工自我防衛工具
需在不同作業場所移動				• 配置保全人員 • 明確規定移動流程
勞工舉報有遭受不法侵害威脅恐嚇者				• 配置保全人員 • 與他人協同作業

註：本表各檢點項目與建議可採行措施皆為例舉，事業單位得自行依產業特性修正與增列。

☐ 檢點人員：

☐ 單位主管：

☐ 人資 / 總務 / 工務或其他相關部門人員：

☐ 該單位 / 處所之勞工代表：

☐ 勞工健康服務醫護人員：

☐ 職業安全衛生人員：

❖ 附件七　職場不法侵害預防之作業場所適性配工與工作設計檢點紀錄表

「工作設計」方面

單位／處所：　　　　　　　　　　　　　　　　檢點日期：

檢點項目	作業內容（含預防措施之現況描述）	應增加或改善相關措施	建議可採行之措施
需與公眾接觸之服務			簡化工作流程，減少工作者與服務對象於互動過程之衝突
工作單調重複或負荷過重			• 排班應取得勞工同意並保有規律性 • 避免連續夜班、工時過長或經常性加班累積工作壓力
其他職場友善措施			• 允許適度的勞工自治，保有充分時間對話、分享資訊及解決問題 • 於職場提供勞工社交活動或推動員工協助方案，並鼓勵勞工參與 • 針對勞工需求提供相關之福利措施，如彈性工時、設立托兒所、單親家庭或家暴特定協助等，有助於調和職業及家庭責任，並有效預防職場不法侵害

註：本表各檢點項目與建議可採行措施皆為例舉，事業單位得自行依產業特性修正與增列。

☐　檢點人員：

☐　單位主管：

☐　人資／總務／工務或其他相關部門人員：

☐　該單位／處所之勞工代表：

☐　勞工健康服務醫護人員：

☐　職業安全衛生人員：

❖ 附件八 職場不法侵害行為自主檢核表

職場不法侵害行為自主檢核項目

☐ 持續的吹毛求疵，在小事上挑剔，把微小的錯誤放大、扭曲。

☐ 總是批評並拒絕看見被霸凌者的貢獻或努力，也持續地否定被霸凌者的存在與價值。

☐ 總是試圖貶抑被霸凌者個人、職位、地位、價值與潛力。

☐ 在職場中被特別挑出來負面地另眼看待，孤立被霸凌者，對其特別苛刻，用各種小動作欺負被霸凌者。

☐ 以各種方式鼓動同事孤立被霸凌者、不讓被霸凌者參與重要事務或社交活動，把被霸凌者邊緣化，忽視、打壓排擠及冷凍被霸凌者。

☐ 在他人面前輕視或貶抑被霸凌者。

☐ 在私下或他人面前對被霸凌者咆哮、羞辱或威脅。

☐ 給被霸凌者過重的工作，或要其大材小用去做無聊的瑣事，甚至完全不給被霸凌者任何事做。

☐ 剽竊被霸凌者的工作成果或聲望。

☐ 讓被霸凌者的責任增加卻降低其權力或地位。

☐ 不准被霸凌者請假。

☐ 不准被霸凌者接受必要的訓練，導致其工作績效不佳。

☐ 給予被霸凌者不實際的工作目標，或當其正努力朝向目標時，卻給被霸凌者其他任務以阻礙其前進。

☐ 突然縮短交件期限，或故意不通知被霸凌者工作時限，害其誤了時限而遭到處分。

☐ 將被霸凌者所說或做的都加以扭曲與誤解。

☐ 用不是理由的理由且未加調查下，對被霸凌者犯下的輕微錯誤給予沈重處罰。

☐ 在未犯錯的情形下要求被霸凌者離職或退休。

註：1. 若所列舉之行為勾選愈多，宜注意調整對同仁之態度。

2. 參考資料來源：勞動部工作生活平衡網（勞工活力補給＼職場萬花筒＼如何處理職場霸凌＼職場霸凌面面觀＼https://wlb.mol.gov.tw/Page/Content.aspx?id＝116）

❖ 附件九　職場不法侵害通報表

通報內容	
發生日期：　　　　　時間：	發生地點：
受害者	加害者
姓名或特徵： 性別：□男　　□女 □外部人員 □內部人員（所屬部門／單位：　　　　）	姓名或特徵： 性別：□男　　　□女 □外部人員 □內部人員（所屬部門／單位：　　　　）
受害者及加害者關係：	發生原因及過程：
不法侵害類型： □肢體不法侵害　　□語言不法侵害 □心理不法侵害　　□性騷擾 □跟蹤騷擾　　　　□其他：＿＿＿＿＿	造成傷害：□無　　□有（請填下述內容） 1. 傷害者：□受害者　□加害者 　　　　　　□其他＿＿＿＿＿＿＿＿ 2. 傷害程度： 目擊者：□無　　　□有（請填姓名）

通報人：＿＿＿＿＿＿＿＿＿＿　　通報日期／時間：＿＿＿＿＿＿＿＿

❖ 附件十 職場不法侵害處置表

處置情形	
受理日期：　　　　　時間：	調查時間：
參與調查或處理人員： □外部人員（請敘明，如警政人員等） □內部人員（請敘明，如保全、人資等）	傷害者需醫療處置否：□否　□是 事發後雙方調解否：　□否　□是
受害者說明發生經過與不法侵害原因：（請敘明，可舉相關事證） _____ 加害者說明發生經過與不法侵害原因：（請敘明，可舉相關事證） _____ 目擊者說明發生經過與不法侵害原因：（請敘明，可舉相關事證） _____ 調查結果：_____	
受害者安置情形	加害者懲處情形
□無　　　　□醫療協助　□心理諮商 □同儕輔導　□調整職務　□休假 □法律協助　□其他：_____	外部人員：□無　□送警法辦 內部人員：□無　□調整職務　□送警法辦 □其他：_____
向受害者說明事件處理結果否：□否　□是（日期：　　　　　　　） 未來改善措施：	

處理者：_____　　處理日期／時間：_____

審核者：_____　　審核日期／時間：_____

❖ 附件十一 職場不法侵害事件處理流程

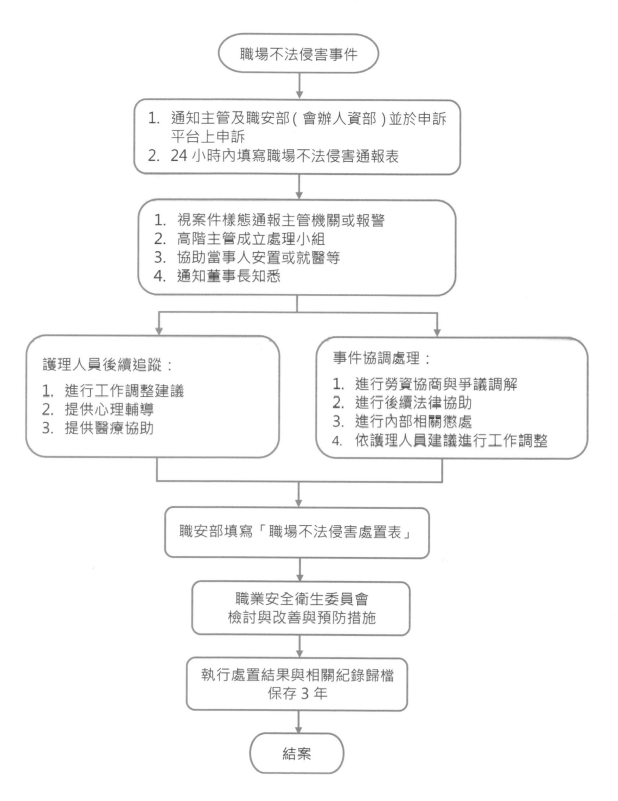

職場不法侵害事件

1. 通知主管及職安部(會辦人資部)並於申訴平台上申訴
2. 24 小時內填寫職場不法侵害通報表

1. 視案件樣態通報主管機關或報警
2. 高階主管成立處理小組
3. 協助當事人安置或就醫等
4. 通知董事長知悉

護理人員後續追蹤：

1. 進行工作調整建議
2. 提供心理輔導
3. 提供醫療協助

事件協調處理：

1. 進行勞資協商與爭議調解
2. 進行後續法律協助
3. 進行內部相關懲處
4. 依護理人員建議進行工作調整

職安部填寫「職場不法侵害處置表」

職業安全衛生委員會
檢討與改善與預防措施

執行處置結果與相關紀錄歸檔
保存 3 年

結案

❖ 附件十二　職場不法侵害預防措施查核及評估表

單位／部門：　　　　　　　　　　　　　　檢點日期：

項目	檢核重點	結果	修正相關控制措施／改善情形
辨識及評估危害	□組織 □個人因素 □工作環境 □工作流程		
適當配置作業場所	□物理環境 □工作場所設計 □行政管制措施		
依工作適性適當調整人力	□適性配工 □工作設計		
建構行為規範	□組織政策規範 □個人行為規範		
辦理危害預防及溝通技巧訓練	□教育訓練場次 □教育訓練內容 □情境模擬、演練 □作手冊或指引並公告		
建立事件處理程序	□建立申訴或通報機制 □通報處置 □每位同仁清楚通報流程 □相關資源連結 □紀錄		
執行成效之評估及改善	□定期審視評估成效 □相關資料統計分析 □事件處理分析 □報告成果 □紀錄		
其他事項			

註：本表各檢核重點，事業單位得自行依產業特性需求修正與增列。

□評估人員：　　　　　　　　　　　　　　□單位主管：

3.5 社會新聞 / 案例判例

案例一

同事間之偶發衝突非屬職場霸凌。

❖ 案由

A 自民國 106 年 2 月 10 日起受僱於鴻 O 企業社擔任堆高機操作員。A 於同年 3 月 9 日在奇菱廠區因工作失誤遭主管 B 糾錯，雙方發生衝突，B 出腳踢擊 A 數次，致其受有右膝部挫傷，A 於翌日即 106 年 3 月 10 日起無再至廠區上班，並主張遭主管 B 職場霸凌毆打，鴻 O 企業社竟於當日以 A 不能勝任工作為由，要求資遣 A，並自翌日起不再給付薪資，嗣又通知自同年月 23 日起終止兩造間勞動契約。

❖ 判決結果

（略以），…然觀之前述 A 與 B 衝突事發緣由及過程，可認 B 並無在工作場所持續對 A 有敵意、不友善行為之情形，僅係因故**偶發一次性衝突，自難採認該單一衝突事件係屬職場霸凌事件**。因之，A 主張 B 於 106 年 3 月 9 日對伊為職場霸凌行為云云，難認可採。此外，A 亦**未舉證證明其工作場所有何其他職場霸凌行為，則其主張遭受職場霸凌云云**，尚難憑信。

❖ 資料來源

臺灣高等法院臺南分院 110 年度勞上更一字第 1 號民事判決。

案例二

雇主未採取「工作場所進出管制」等不法侵害預防措施，致勞工遭受職場暴力受傷及死亡，雇主須負連帶賠償責任。

❖ 案由

A、B、C，皆是順○公司的同事。A 因與 B、C 在工作上產生嫌隙，而對他們心生不滿。某日，A 認為 B 在背後說壞話，激起更大不滿，A 駕駛工作車輛前往 B 當日工程施作地點見到 B 後，持長刀砍向 B，造成 B 包括臉部、胸部、手臂和腿部等多處傷害。A 隨後前往 C 的工程施作地點，持續施行攻擊。C 受傷，但成功與 A 搏鬥，將之制伏，其他同事也前來幫忙壓制。B 因大量出血性休克於事發當日去世，而 C 在急救後倖免於難，但受到多處嚴重傷害。

❖ 判決結果

（略以），…順○公司與 A 之僱傭關係，A 之行兇行為，係基於受雇順○公司之職務始有機會為之，如非執行順○公司指派之職務，A 即無從實施對 C 的侵權行為。類此情形，**雇主未盡工作場所工地進出管制義務、未對受雇員工施以安全衛生教育及職業安全衛生法第 6 條及職業安全衛生設施規則第 324-3 條規定之「採取暴力預防措施」必要措施，未善盡監督管理責任**，構成民法第 188 條應與加害者 A 對受害人 C 負連帶損害賠償責任。

❖ 資料來源

臺灣臺南地方法院 110 年度訴字第 1355 號民事判決。

案例三

勞工向主管反映工作環境存在不法侵害風險無效而提起訴訟，判雇主敗訴。

❖ 案由

A 為護理師，106 年（下同）1 月 1 日起被安排協助女性精神病患洗澡、發放點心，以及整理點心櫃等工作。然而，鹿港○○醫院**未事先依據職業安全衛生設施規則第324-3 條的預防指引給予 A 任何有關危害預防和溝通技巧的訓練，也未告知 A 在遭受侵害時的應變流程，亦未提供有效的自衛工具**。此外，某兩日的下午，鹿港○○醫院未安排男性員工陪同，且任由病患在房內自由移動，**未設置門房管制措施，導致 A**

處於可能遭受男性精神病患攻擊的危險工作環境。A 針對工作環境問題，曾透過鹿港〇〇醫院勞資會議信箱和單位主管提出反應，然而鹿港〇〇醫院卻未有改善。之後，鹿港〇〇醫院仍要求 A 執行同樣工作，並指派一名病患跟隨 A 一起工作，讓 A 處於更危險的環境中。因此，A 於 6 月 27 日發送存證信函，告知鹿港〇〇醫院根據勞基法第 14 條第 1 項第 6 款「雇主違反勞動契約或勞工法令，致有損害勞工權益之虞者」終止雙方勞動契約，惟鹿港〇〇醫院於該非自願離職證明書上卻註記勞基法第 11 條第 5 款「勞工對於所擔任之工作確不能勝任時」事由。

❖ 判決結果

（略以），…A 單獨至四一病房內執行職務時，除病室內仍有男性病患以外，該樓層之其他病患亦可自由進出該病室，而未施以任何門房管制或隔離、防護措施，且未指派其他人員陪同，使男性精神病患極易與 A 為近距離接觸。又鹿港〇〇醫院未將配置予病房護理師及臨床助理員之緊急呼叫鈴配置告知予 A 知情，業據證人 B、C 證述無訛，可見**鹿港〇〇醫院確實未落實預防指引之規範事項，足認鹿港〇〇醫院於指派 A 執行上開職務時，未施以有效之暴力預防措施，實有違職安法第 6 條第 2 項第 3 款及職安設施規則第 324-3 條之規定。**

鹿港〇〇醫院既違反勞基法第 14 條第 1 項第 6 款規定之情形在先，並已造成 A 精神上嚴重不安及擔憂之侵害，則 A 依勞基法第 14 條第 1 項第 6 款規定，得不經預告終止兩造間勞動契約，自屬有據。

❖ 資料來源

臺灣高等法院臺中分院 108 年度勞上字第 28 號民事判決。

案例四

默許職場霸凌，未確實落實職場不法侵害預防計畫，雇主遭監察院糾正。

❖ 案由

107 年 9 月 28 日成〇醫院的體外循環師 A 持刀刺傷同事組長 B 和醫師 C，A 自稱是因為遭到職場霸凌而憤而出手。

A 認為工作屢遭 B 刁難，並認為 B 刻意帶領同儕影響該單位主管，導致其在工作團隊中遭到排擠；復因主管某日請 A 更換辦公室座位，遂心生不滿，隨即拿取放置於辦公桌之蝴蝶刀 1 把至開刀房，趁 B 與 C 正準備進行冠狀動脈繞道手術，卻無視病患已在手術台上，先以左手自後環抱住 B，再以右手持上開蝴蝶刀對 B 之胸、腹、背部及手部刺殺共 7 刀，B 因此跌坐地上，雖 C 上前制止，但 A 仍不罷手，持續持刀欲刺殺B，直至現場其餘同事積極協助 B 逃離現場，至附近房間躲藏，A 始罷手停止追殺，返回辦公室更衣，離開醫院。

❖ 判決結果

（略以），…A 持刀進入正準備進行手術之開刀房，攻擊執行醫療業務之 B，並傷及該手術之主治醫師 C，嚴重影響醫療環境與醫護人員執業安全，並導致該手術無法繼續進行。A 上開行為，不僅嚴重傷害告訴人，並損及成〇醫院及及所屬醫療團隊之聲譽，判決 A 犯殺人未遂罪，處有期徒刑 2 年 10 個月，並須賠償被害人 150 萬元。

❖ 公務員懲戒委員會調查

考量 A 在單位內長期受排擠、因單位未排法定職務代理人，造成其事實上有假不能休之窘境，行為前已因壓力過大至精神科就診，且本事件後自 107 年 11 月 1 日至 108年 3 月 15 日止，因躁鬱症、焦慮症、失眠症身心科診所就診，依公務員懲戒法規定休職 6 個月。

❖ 監察院糾正

監察院調查發現，**成〇醫院在 106 年 6 月訂定了職場暴力預防計畫，規定遇到暴力事件時應通知人資單位、勞安室及部門主管等，由職場暴力處理小組負責後續的法律程序、內部懲處及工作調整等。但在同年 6 月至 9 月期間，A 與某護理師多次發生爭執、肢體拉扯及訴訟，單位主管卻未依規定通報，只私下要求兩人道歉和解。這讓 A感到受到霸凌，最終持刀傷人。**

監委表示，單位主管處理方式不當，不利於醫療業務執行，也可能造成職場安全問題。此外，勞動部和衛福部所屬機關也未能分別督促醫療院所落實勞動檢查和醫療暴力事件通報機制，均應檢討改進。

❖ 其他

勞動部職安署南區職業安全衛生中心檢查發現，成〇醫院有訂定執行職務遭受不法侵害預防計畫，也有執行紀錄，惟於本案中，該院對於職場暴力危害預防制度的運作仍有不周延之處，南區職業安全衛生中心亦責成成〇醫院改善。

❖ 資料來源

1. 臺灣高等法院臺南分院 108 年度矚上訴字第 539 號刑事判決

2. 臺灣臺南地方法院 108 年度訴字第 655 號民事判決

3. 公務員懲戒委員會 108 年度清字第 13207 號公懲判決

4. 108 年 8 月 20 日監察院院新聞稿：成大醫院未落實執行職場暴力事件通報，釀成林姓體循師持刀刺傷醫護人員之不幸事件，監察院糾正成大醫院

3.6 資源（健康服務區域相關資源轉介流程與窗口等）

3.6.1 職場不法侵害事件處理相關協助資源

協助單位	事件處理	查詢／聯絡方式
縣市政府勞工主管機關	就業歧視、勞資爭議案件調解、職場勞動條件、職場性別平等（如：性別歧視、性騷擾、工作平等等）。	各地方主管機關一覽表 https://www.osha.gov.tw/1106/ 1164/1165/1465/10084/

協助單位	事件處理	查詢／聯絡方式
勞動檢查機構	事業單位未採取職業安全衛生法建立危害預防機制與措施	勞動檢查機構一覽表 https://www.osha.gov.tw/48110/48331/48333/48341/51482/
警政機關	涉及公然侮辱、傷害、殺人、妨害名譽、恐嚇、跟蹤騷擾等。	110
	遇職場不法侵害事件時，使用「110視訊報案」APP，「視訊報案」結合GPS定位及即時視訊報案功能，能於身處不便出聲之狀況，一鍵即可讓警方掌握使用者即時定位及現場影像，並可與受理員警直接視訊對談。	「110視訊報案」APP iOS系統　Android系統
衛福部醫事司	妨礙醫療業務之執行：醫療法為保障醫事人員執業與病患安全，任何人不得以強暴、脅迫、恐嚇或其他非法之方法，妨礙醫療業務之執行。	(02)8590-6666 臺灣病人安全通報系統 https://www.patientsafety.mohw.gov.tw/
衛福部護理及健康照護司	落實醫療機構設置標準之護理人力配置及保障護理人員執業權益	臺灣病人安全通報系統 (02)8590-6666 https://www.patientsafety.mohw.gov.tw/
公務人員保障暨培訓委員會	勞工兼具公務人員身分者之權益保障事項	(02)8236-7000
法律扶助基金會	民、刑法等相關法律諮詢	(02)412-8518 (02)2322-5255

3.6.2 身心健康諮詢及輔導相關協助資源

行政主管單位	相關資源	查詢 / 聯絡方式
勞動部 勞動福祉退休司	**員工協助方案**：辦理員工協助方案教育訓練，並提供專家入場輔導服務，協助企業建立員工協助措施，增進員工工作適應及身心健康。	員工協助方案專線 (02)2596-5573 https://wlb.mol.gov.tw/page/content.aspx?id＝58
	工作與生活平衡措施：鼓勵企業推動工作與生活平衡，補助企業辦理員工關懷紓壓課程與友善家庭措施，支持企業營造友善職場。	工作生活平衡專線 02-2369-4168 https://wlb.mol.gov.tw/Page/Index.aspx
勞工健康服務中心	職場不法侵害預防諮詢、職場心理健康及勞動權益等相關資源轉介服務。	勞工健康照護資訊平台 https://ohsip.osha.gov.tw/ ※（112 年起相關服務移至財團法人職業災害預防及重建中心官網）
財團法人職業災害預防及重建中心	職場不法侵害預防諮詢、職場心理健康及勞動權益等相關資源轉介服務。	https://www.coapre.org.tw/show_disseminate_resources#gsc.tab=0
衛福部 心理健康司	因為面對職場不法侵害、霸凌、生活、學業、工作或其他事件造成情緒困擾、壓力或自殺問題，提供一般輔導、自殺評估，有需要時，亦會轉介醫療單位資訊。	1925 安心專線 24 小時服務 全國社區心理衛生中心 https://reurl.cc/9GDZRv

行政主管單位	相關資源	查詢／聯絡方式
北、中、南三區健康職場推動中心	辦理職場心理健康促進課程、設置心理諮商室或諮商專線，主動關懷員工，提供促進心理健康衛教資料，辦理暴力危害預防（如：設置申訴管道、訂定職場暴力防止計畫等）。	衛福部國民健康署健康職場資訊網 https://health.hpa.gov.tw/hpa/info/certified.aspx
社團法人國際生命線臺灣總會	提供心理諮商輔導及法律諮詢	服務專線：1995
財團法人張老師基金會	提供心理諮商輔導	服務專線：1980

3.6.3　職業傷病診治專責醫院（認可醫療機構）

認可期間：112.01.01-114.12.31

編號	縣市別	機構名稱	聯絡電話	聯絡窗口	機構地址
1	臺北市	國立臺灣大學醫學院附設醫院	(02)2312-3456 分機 67491	江個管師	臺北市中正區常德街 1 號
2	臺北市	臺北榮民總醫院	(02)2875-7525 分機 831	汪個管師	臺北市北投區石牌路二段 322 號 5 樓
3	桃園市	長庚醫療財團法人林口長庚紀念醫院	(03)328-1200 分機 5201	張個管師	桃園市龜山區復興街 5 號
4	新竹市	國立臺灣大學醫學院附設醫院 新竹臺大分院新竹醫院	(03)532-6151 分機 523772	謝個管師	新竹市北區經國路一段 442 巷 25 號
5	臺中市	臺中榮民總醫院	(04)235-92525 分機 2381	盧個管師	臺中市西屯區臺灣大道四段 1650 號

編號	縣市別	機構名稱	聯絡電話	聯絡窗口	機構地址
6	臺中市	中山醫學大學附設醫院	(04)3609-7846	趙個管師	臺中市南區建國北路一段 110 號
7	臺中市	中國醫藥大學附設醫院	(04)2205-2121 分機 12659、12660	朱個管師	臺中市北區育德路 2 號
8	彰化縣	彰化基督教醫療財團法人彰化基督教醫院	(04)723-8595 分機 4131	蕭個管師	彰化縣彰化市南校街 135 號
9	雲林縣	國立臺灣大學醫學院附設醫院 雲林分院	(05)633-0002 分機 574801、574802、574804、574800	張個管師	雲林縣斗六市雲林路二段 579 號 雲林縣虎尾鎮廉使里學府路 95 號
10	嘉義市	天主教中華聖母修女會醫療財團法人天主教聖馬爾定醫院	(05)2756000 分機 3317、3318	張個管師	嘉義市東區大雅路二段 565 號
11	臺南市	國立成功大學醫學院附設醫院	(06)235-3535 分機 4939	謝個管師	臺南市北區勝利路 138 號
12	高雄市	高雄榮民總醫院	(07)342-2121 分機 75155	黃個管師	高雄市左營區大中一路 386 號
13	高雄市	財團法人私立高雄醫學大學附設中和紀念醫院	(07)313-3604 分機 41	羅個管師	高雄市三民區自由一路 100 號
14	高雄市	高雄市立小港醫院 (委託財團法人私立高雄醫學大學經營)	(07)803-6783 分機 3358	蕭個管師	高雄市小港區山明路 482 號
15	花蓮縣	佛教慈濟醫療財團法人花蓮慈濟醫院	(03)856-1825 分機 12144	王個管師	花蓮縣花蓮市中央路三段 707 號

3.7 引用／資料來源

說明／網址	QR
勞動部職安署「執行職務遭受不法侵害預防指引」第三版 https://reurl.cc/GAanop	
勞動部職安署「醫療機構職場不法侵害預防指引」 https://reurl.cc/kXpnLK	
勞動部職安署「便利商店職場不法侵害安全衛生指引」 https://reurl.cc/dDpQxz	
勞動部職安署「工作相關心理壓力事件引起精神疾病認定參考指引」 https://reurl.cc/GAanmd	
衛福部「危害醫院醫療安全之應變流程指引」 https://reurl.cc/jD695L	
105 年公務人員健康情形調查計畫，衛福部國民健康署 https://reurl.cc/4olL1v	
勞動環境安全衛生狀況認知調查 -2022 年，勞動部勞動及職業安全衛生研究所 https://reurl.cc/ga0EjX	
衛生行政機關人員的職場暴力經驗與其身心健康影響：COVID-19 疫情期間的調查，臺灣公共衛生雜誌 112 年，42 卷 1 期 https://reurl.cc/94W6d8	

說明／網址	QR
臺灣基隆地方法院 112 年度基勞簡字第 1 號民事判決 臺灣臺南地方法院 110 年度訴字第 1355 號民事判決 臺灣高等法院臺南分院 110 年度勞上更一字第 1 號民事判決 臺灣臺北地方法院 109 年度勞訴字第 309 號民事判決 臺灣高等法院臺南分院 108 年度矚上訴字第 539 號刑事判決 臺灣臺南地方法院 108 年度訴字第 655 號民事判決 臺灣高等法院臺中分院 108 年度勞上字第 28 號民事判決 公務員懲戒委員會 108 年度清字第 13207 號公懲判決 https://judgment.judicial.gov.tw/FJUD/default.aspx	
監察院院新聞稿：成大醫院未落實執行職場暴力事件通報，釀成林姓體循師持刀刺傷醫護人員之不幸事件，監察院糾正成大醫院 https://reurl.cc/v7EQmL	
109 年勞動節願望與職場小確幸調查，yes123 求職網 https://reurl.cc/lDpzvQ	
臺北市政府勞動局「執行職務遭受不法侵害預防計畫」範例 https://reurl.cc/EoLqWn	
職場永續健康與安全 SDGs 揭露實務建議指南 https://reurl.cc/QXlOX9	

MEMO

chapter

4

母性健康
保護計畫

臺灣預計在 114 年將步入「超高齡社會」，面臨人口結構高齡化、少子化，加上求學年齡延長（選擇繼續深造至碩士、博士）所造成的勞動力短缺，以國家發展委員會110 年公布的勞動力參與率數據來看，男性勞參率為 67.16%，女性為 51.44%，與十年前相較雖均有提升，但男女勞參率仍有一定的差距。華人女性在傳統文化薰陶下，往往會以賢妻良母角色自居，認為自身擔負了照顧家庭的責任，在女性看似「自願性選擇」退離職場的舉動，往往隱藏著「體制性結構」的問題，隨著女性教育程度的大幅提昇、社會邁向高齡化及少子化的背景下，婦女勞動議題日見其重要性。

以 95 年為例，女性有高達 2,432 千人因「料理家務」而成為非勞動力人口，占所有非勞動力女性人數的 51.6%，相較於男性僅 0.4% 因「料理家務」而成為非勞動力（《行政院，婦女勞動政策白皮書》），再由 105 年勞動環境安全衛生狀況認知調查結果顯示，女性受僱者工作家庭衝突嚴重比例（41.4%）高於男性受僱者（38.6%）。可看出早期男女在「照顧家庭」的角色認知上，女性多以投身「照顧者」而男性多以「賺錢養家」而有所區別，其對勞動人口的影響實在不可小覷。

依內政部戶政司統計，女性初婚年齡為 30.9 歲（110 年），育齡婦女是指 15 ～ 49 歲之女性，而臺灣女性在「25 至 29 歲」這一年齡層中有最高比例的女性投入職場，隨後卻逐漸下降（林育甄，挽救女性勞參率，日本、韓國、新加坡打造性別友善職場），即默默呼應了前段婦女勞動政策白皮書中所言。

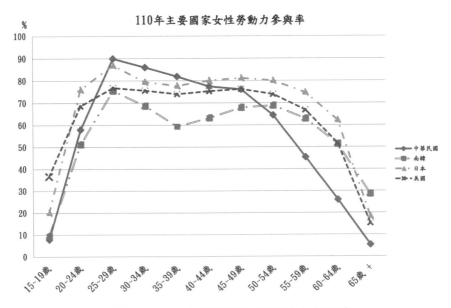

▲ 圖 1　110 年主要國家女性勞動力參與率
（資料來源：國家發展委員會，110 年主要國家勞動力參與率）

國際間整體母性保護的觀念，由早期的「生殖保護」為主，中期「關注性別平等」，發展至現今的「關注身心健康」議題。在工作條件方面，逐步建立健康及安全的保障（包括保障生育機能的權利），對於懷孕至分娩後 1 年內（包括哺乳者）從事確實具有相關危害之女性勞工，也開始給予特別的保護。

國內早在《勞工安全衛生法》時期，就有針對一般女性勞工及妊娠中或產後未滿 1 年之女性勞工禁止從事之工作項目，於 102 年《職業安全衛生法》修訂時，更兼顧母性保護及就業平權，強化妊娠中之女性勞工保護－其著重於母體個人健康與妊娠各階段胎盤及胎兒成長危害之預防；及分娩後未滿 1 年之女性勞工之保護，包括該期間提供哺乳之女性勞工－則著重於分娩後母體之健康恢復及母體接觸危害物質因哺乳而間接傳輸給嬰兒可能引起危害之預防。隨即於 103 年訂定《女性勞工母性健康保護實施辦法》、105 年訂定《工作場所母性健康保護技術指引》以供依循。

本書將配合法令政策中雇主對妊娠、分娩後及哺乳勞工特別保護之義務，對於「有母性健康危害之虞之工作，採取危害評估、控制及分級管理措施」等要求進行實務上的說明，以期協助相關人員順利推展此業務外，更希望能幫助企業朝友善職場、維持勞動力、永續經營的目標邁進。

4.1 法源依據

環視國內法規與母性議題相關者其實還真是不少，於我國根本大法 -《憲法》第 156 條即有規定：「國家為奠定民族生存發展之基礎，應保護母性，並實施婦女兒童福利政策」。以下要說明的，有些是通用性質，有些則是視事業單位運作特性而有所差異，除了實務推行須要參照的法規要求外，對於相關法規的基本精神也是要關注及留意的。法規眾多，為提升閱讀的方便性，僅截取重點法規條文採表列方式供讀者對照參考，完整內容請至「勞動部法令查詢系統」查詢。

- 勞動基準法第 49 條、第 50 條、第 51 條

- 職安法第 30 條、第 31 條

- 職業安全衛生法施行細則第 39 條

● 妊娠與分娩後女性及未滿十八歲勞工禁止從事危險性或有害性工作認定標準第 3 條、第 4 條

● 勞工健康保護規則第 9 條、第 11 條

● 女性勞工母性健康保護實施辦法

● 游離輻射防護法第 14 條第 3 項

● 性別平等工作法第 11 條第 2 項、第 15 條第 1-3 項

▼ 表1 相關法規對照表

法規／條文	內容
《勞動基準法》／第 49 條	雇主不得使女工於午後 10 時至翌晨 6 時之時間內工作。但雇主經工會同意，如事業單位無工會者，經勞資會議同意後，且符合下列各款規定者，不在此限： 1. 提供必要之安全衛生設施。 2. 無大眾運輸工具可資運用時，提供交通工具或安排女工宿舍。 （解釋字號：民國 110 年 08 月 20 日釋字第 807 號，《勞動基準法》第 49 條第 1 項規定違反《憲法》第 7 條保障性別平等之意旨，應自本解釋公布之日起失其效力。） 前項第 1 款所稱必要之安全衛生設施，其標準由中央主管機關定之。但雇主與勞工約定之安全衛生設施優於本法者，從其約定。 女工因健康或其他正當理由，不能於午後 10 時至翌晨 6 時之時間內工作者，雇主不得強制其工作。 第 1 項規定，於因天災、事變或突發事件，雇主必須使女工於午後 10 時至翌晨 6 時之時間內工作時，不適用之。 第 1 項但書及前項規定，於妊娠或哺乳期間之女工，不適用之。
《勞動基準法》／第 50 條	女工分娩前後，應停止工作，給予產假 8 星期；妊娠 3 個月以上流產者，應停止工作，給予產假四星期。 前項女工受僱工作在 6 個月以上者，停止工作期間工資照給；未滿 6 個月者減半發給。
《勞動基準法》／第 51 條	女工在妊娠期間，如有較為輕易之工作，得申請改調，雇主不得拒絕，並不得減少其工資。

法規／條文	內容
《職業安全衛生法》／第 30 條	雇主不得使妊娠中之女性勞工從事下列危險性或有害性工作： 1. 礦坑工作。 2. 鉛及其化合物散布場所之工作。 3. 異常氣壓之工作。 4. 處理或暴露於弓形蟲、德國麻疹等影響胎兒健康之工作。 5. 處理或暴露於二硫化碳、三氯乙烯、環氧乙烷、丙烯醯胺、次乙亞胺、砷及其化合物、汞及其無機化合物等經中央主管機關規定之危害性化學品之工作。 6. 鑿岩機及其他有顯著振動之工作。 7. 一定重量以上之重物處理工作。 8. 有害輻射散布場所之工作。 9. 已熔礦物或礦渣之處理工作。 10. 起重機、人字臂起重桿之運轉工作。 11. 動力捲揚機、動力運搬機及索道之運轉工作。 12. 橡膠化合物及合成樹脂之滾輾工作。 13. 處理或暴露於經中央主管機關規定具有致病或致死之微生物感染風險之工作。 14. 其他經中央主管機關規定之危險性或有害性之工作。 雇主不得使分娩後未滿 1 年之女性勞工從事下列危險性或有害性工作： 1. 礦坑工作。 2. 鉛及其化合物散布場所之工作。 3. 鑿岩機及其他有顯著振動之工作。 4. 一定重量以上之重物處理工作。 5. 其他經中央主管機關規定之危險性或有害性之工作。 第 1 項第 5 款至第 14 款及前項第 3 款至第 5 款所定之工作，雇主依第 31 條採取母性健康保護措施，經當事人書面同意者，不在此限。 第 1 項及第 2 項危險性或有害性工作之認定標準，由中央主管機關定之。 雇主未經當事人告知妊娠或分娩事實而違反第 1 項或第 2 項規定者，得免予處罰。但雇主明知或可得而知者，不在此限。

法規／條文	內容
《職業安全衛生法》／31條	中央主管機關指定之事業，雇主應對有母性健康危害之虞之工作，採取危害評估、控制及分級管理措施；對於妊娠中或分娩後未滿1年之女性勞工，應依醫師適性評估建議，採取工作調整或更換等健康保護措施，並留存紀錄。 前項勞工於保護期間，因工作條件、作業程序變更、當事人健康異常或有不適反應，經醫師評估確認不適原有工作者，雇主應依前項規定重新辦理之。 第1項事業之指定、有母性健康危害之虞之工作項目、危害評估程序與控制、分級管理方法、適性評估原則、工作調整或更換、醫師資格與評估報告之文件格式、紀錄保存及其他應遵行事項之辦法，由中央主管機關定之。 雇主未經當事人告知妊娠或分娩事實而違反第1項或第2項規定者，得免予處罰。但雇主明知或可得而知者，不在此限。
《職業安全衛生法施行細則》／第39條	本法第31條第1項所稱有母性健康危害之虞之工作，指其從事可能影響胚胎發育、妊娠或哺乳期間之母體及幼兒健康之下列工作： 1. 工作暴露於具有依國家標準CNS 15030分類，屬生殖毒性物質、生殖細胞致突變性物質或其他對哺乳功能有不良影響之化學品者。 2. 勞工個人工作型態易造成妊娠或分娩後哺乳期間，產生健康危害影響之工作，包括勞工作業姿勢、人力提舉、搬運、推拉重物、輪班及工作負荷等工作型態，致產生健康危害影響者。 其他經中央主管機關指定公告者。
《妊娠與分娩後女性及未滿十八歲勞工禁止從事危險性或有害性工作認定標準》／第3、4條	本法第30條第1項所定危險性或有害性工作之認定標準如附表二。 本法第30條第2項所定危險性或有害性工作之認定標準如附表三。

法規／條文	內容
《勞工健康保護規則》／第 9 條	雇主應使醫護人員及勞工健康服務相關人員臨場辦理下列勞工健康服務事項： 1. 勞工體格（健康）檢查結果之分析與評估、健康管理及資料保存。 2. 協助雇主選配勞工從事適當之工作。 3. 辦理健康檢查結果異常者之追蹤管理及健康指導。 4. 辦理未滿 18 歲勞工、有母性健康危害之虞之勞工、職業傷病勞工與職業健康相關高風險勞工之評估及個案管理。 5. 職業衛生或職業健康之相關研究報告及傷害、疾病紀錄之保存。 6. 勞工之健康教育、衛生指導、身心健康保護、健康促進等措施之策劃及實施。 7. 工作相關傷病之預防、健康諮詢與急救及緊急處置。 8. 定期向雇主報告及勞工健康服務之建議。 9. 其他經中央主管機關指定公告者。
《勞工健康保護規則》／第 11 條	為辦理前 2 條所定勞工健康服務，雇主應使醫護人員與勞工健康服務相關人員，配合職業安全衛生、人力資源管理及相關部門人員訪視現場、辦理下列事項： 1. 辨識與評估工作場所環境、作業及組織內部影響勞工身心健康之危害因子，並提出改善措施之建議。 2. 提出作業環境安全衛生設施改善規劃之建議。 3. 調查勞工健康情形與作業之關連性，並採取必要之預防及健康促進措施。 4. 提供復工勞工之職能評估、職務再設計或調整之諮詢及建議。 5. 其他經中央主管機關指定公告者。

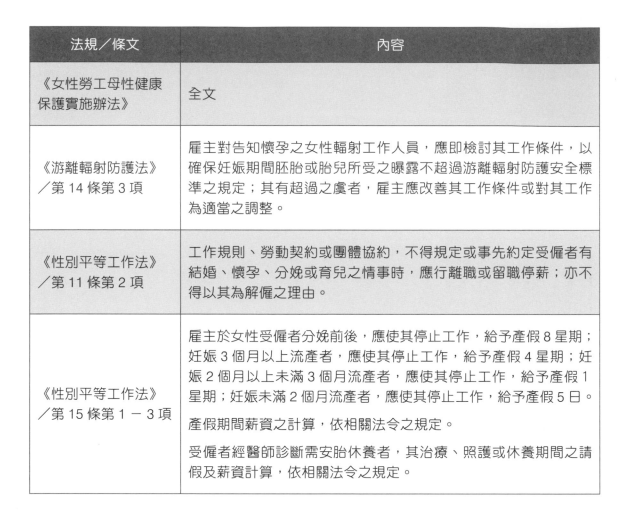

法規／條文	內容
《女性勞工母性健康保護實施辦法》	全文
《游離輻射防護法》／第 14 條第 3 項	雇主對告知懷孕之女性輻射工作人員，應即檢討其工作條件，以確保妊娠期間胚胎或胎兒所受之曝露不超過游離輻射防護安全標準之規定；其有超過之虞者，雇主應改善其工作條件或對其工作為適當之調整。
《性別平等工作法》／第 11 條第 2 項	工作規則、勞動契約或團體協約，不得規定或事先約定受僱者有結婚、懷孕、分娩或育兒之情事時，應行離職或留職停薪；亦不得以其為解僱之理由。
《性別平等工作法》／第 15 條第 1－3 項	雇主於女性受僱者分娩前後，應使其停止工作，給予產假 8 星期；妊娠 3 個月以上流產者，應使其停止工作，給予產假 4 星期；妊娠 2 個月以上未滿 3 個月流產者，應使其停止工作，給予產假 1 星期；妊娠未滿 2 個月流產者，應使其停止工作，給予產假 5 日。 產假期間薪資之計算，依相關法令之規定。 受僱者經醫師診斷需安胎休養者，其治療、照護或休養期間之請假及薪資計算，依相關法令之規定。

其他如請假、生育給付、津貼、育嬰留停等相關規定，請讀者依需求查詢《勞工請假規則》、《勞工保險條例》、《育嬰留職停薪實施辦法》等法規。

以上條文為常用的內容之摘要，應注意部分具有罰責，違反者，主管機關除了處以罰鍰外，還會公布事業單位或事業主之名稱、負責人姓名、處分日期、違反條文及罰鍰金額，對於公司形象實在有所損害，不可不慎啊。欲知詳情，可於「違反勞動法令事業單位（雇主）查詢系統」查詢。

4.2 作業流程

《女性勞工母性健康保護實施辦法》規定,「雇主應參照中央主管機關公告之技術指引辦理之;事業單位勞工人數在 100 人以上者,雇主另應依勞工作業環境特性、工作型態及身體狀況,訂定母性健康保護計畫,並據以執行。」建議參考臺灣職業安全衛生管理系統（TOSHMS）之架構,透過系統化管理模式,依 PDCA 循環進行管理,以確保目標之達成,並能做到持續改善。必須強調的是,若事業單位勞工人數未滿 100 人者,並非什麼都不做喔,考量到事業單位人力及資源有限,建議可透過尋求外部資源來協助辦理。

雇主應展現支持及落實對女性勞工之母性健康保護政策,並責成相關人員配合職安人員、職護,依法實施母性健康保護措施,具體作為有:訂定於事業單位安全衛生工作守則中、定期於職業安全衛生委員會報告執行情況、提供推動人員必要之資源及訓練等,而透過訓練及宣導,使勞工知道事業單位之政策,並於符合保護對象之資格時,對於雇主所採取之母性健康管理措施,亦有配合之義務。

要把事做好,除了雇主的支持外,實際執行的人是很重要的,職安人員及職護各有依法應設置之人力,且術業有專攻,大家在認知與執行的互相搭配合作將是計畫執行成敗的重要因子之一。相信各位常聽見的抱怨文是職安人員及職護這二類專業人員各自為政或分工不明確,如此極易導致勞務不均、執行不力,更會不小心淪入「不懂教不會」的窘境。故作者參考《工作場所母性健康保護技術指引》,將主要步驟簡化如下圖,並明白的列出主責單位、使用表單及建議參考文件,以便於執行時可直觀各推行階段人員之權責及應配合之相關事項。提醒讀者的是,本書所列之內容僅就基本原則提供建議及參考,並非唯一方法,讀者於執行時,仍應考量事業單位特性,並參酌相關文獻或其他先進國家之指引等,規劃出適合事業單位之方法才有利於業務推動。

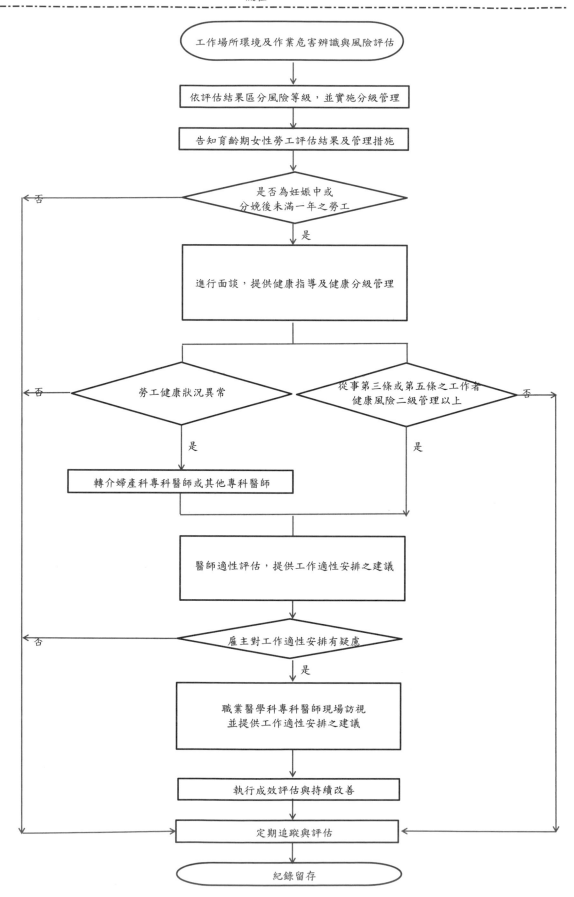

▲ 圖 2 母性健康保護計畫推動流程

主責及配合人員	表單	參考文件
職業安全衛生人員	附件1	妊娠與分娩後女性及未滿十八歲勞工禁止從事危險性或有害性工作認定標準（附表二及附表三）等
職業安全衛生人員		附件5
勞工健康服務護理人員		附件1
工作現場單位主管 人力資源部門 勞工		勞工主動告知或 差勤紀錄（如產檢假、產假）
勞工健康服務醫護人員 勞工	附件3	1.附件1 2.附件2 3.勞工最近一次的健康檢查報告 4.最近一次的作業環境監測紀錄（勞工危害暴露情況）
勞工健康服務醫護人員		附件3
勞工健康服務醫護人員 工作現場單位主管 人力資源部門 勞工	附件3	1.附件1 2.附件2 3.勞工最近一次的健康檢查報告 4.最近一次的作業環境監測紀錄（勞工危害暴露情況）
職業醫學科專科醫師 勞工健康服務護理人員 工作現場單位主管 人力資源部門 勞工	附件3	1.附件1 2.附件2 3.勞工最近一次的健康檢查報告 4.最近一次的作業環境監測紀錄（勞工危害暴露情況）
勞工健康服務護理人員	附件4	
勞工健康服務護理人員		
勞工健康服務護理人員		

4.2.1 母性健康危害之虞之工作項目

除了《職業安全衛生法》第 30 條所訂雇主不得使妊娠中之女性勞工或分娩後未滿 1 年之女性勞工從事相關危險性或有害性工作外,該法第 31 條「中央主管機關指定之事業,雇主應對有母性健康危害之虞之工作,採取危害評估、控制及分級管理措施;對於妊娠中或分娩後未滿 1 年之女性勞工,應依醫師適性評估建議,採取工作調整或更換等健康保護措施,並留存紀錄。」其中「有母性健康危害之虞之工作」於《職業安全衛生法施行細則》第 39 條說明可能影響胚胎發育、妊娠或哺乳期間之母體及幼兒健康之工作:「1. 工作暴露於具有依國家標準 CNS 15030 分類,屬生殖毒性物質、生殖細胞致突變性物質或其他對哺乳功能有不良影響之化學品者。2. 勞工個人工作型態易造成妊娠或分娩後哺乳期間,產生健康危害影響之工作,包括勞工作業姿勢、人力提舉、搬運、推拉重物、輪班及工作負荷等工作型態,致產生健康危害影響者。」在《女性勞工母性健康保護實施辦法》第 3、4 條也更加明確定義應實施母性健康保護之工作包括:CNS 15030 分類屬生殖毒性物質為第一級及生殖細胞致突變性物質為第一級之化學品、易造成健康危害之工作還增加了夜班及單獨工作、鉛及其化合物散布場所之工作。

參考《危害性化學品標示及通識規則》附表之危害性化學品之分類、標示要項,將生殖毒性物質及生殖細胞致突變性物質之相關訊息製成下表,以利讀者辨識。

▼ 表2 生殖毒性物質及生殖細胞致突變性物質之分類及標示

危害性化學品分類			標示要項			備註
危害性	危害分類	組別（Division）、級別（Category）或型別（Type）	危害圖式	警示語	危害警告訊息	依國家標準 CNS 15030 分類之規定辦理。（各危害性依 CNS 15030-1 至 CNS 15030-26 標準分類及標示辦理）
生殖毒性物質	第1級	第 1A 級		危險	可能對生育能力或對胎兒造成傷害	子級別分類數據不充分情況得歸類為第 1 級
		第 1B 級				
	第 2 級			警告	懷疑對生育能力或對胎兒造成傷害	
	影響哺乳期或透過哺乳期產生影響的附加級別		無	無	可能對母乳餵養的兒童造成傷害	
生殖細胞致突變性物質	第 1 級	第 1A 級		危險	可能造成遺傳性缺陷	子級別分類數據不充分情況得歸類為第 1 級
		第 1B 級				
	第 2 級			警告	懷疑造成遺傳性缺陷	

有關具生殖毒性物質、生殖細胞致突變性物質之參考名單列於附件 6。此處也提供《優先管理化學品之指定及運作管理辦法》附表之「對於未滿十八歲及妊娠或分娩後未滿一年女性勞工具危害性之化學品名單」於附件 7 給大家參考。

另《妊娠與分娩後女性及未滿十八歲勞工禁止從事危險性或有害性工作認定標準》之附表二及附表三所詳列的危險性或有害性場所或作業，其中包括了作業暴露之規定值，如從事重物處理作業（係指是否經常徒手搬運重物），即有區分持續性作業（搬運物品作業工時佔勞動時間 50% 以上）為 6 公斤以上、斷續性作業（搬運物品作業工時佔勞動時間低於 50%）為 10 公斤以上，這樣也是一個有利於執行危害評估之明確指標。

4.2.2　危害評估程序與控制

1. 實施工作場所危害評估：由職安人員主責。評估結果應進行風險分級，依風險分級進行管理措施，並記錄於附件 1。

   危害評估前來看看過往的研究發現，根據勞動部勞動及職業安全衛生研究所於 111 年的勞動環境安全衛生狀況認知調查進行分析：

   (1) 工作環境中會遭遇的各項潛在危險項目占比較高的前 6 項分別為「交通事故（上下班途中）」42.0%、「被刺、割、擦傷」23.3%、「跌倒」18.3%、「交通事故（非上下班途中）」11.3%、「與高溫之接觸」9.2%、「墜落、滾落」8.6%。

   (2) 工作環境中會暴露的各項環境衛生問題項目占比較高的前 6 項分別為「接觸 COVID19 病毒的風險」37.9%、「聲音很大」29.5%、「很熱」29.3%、「灰塵很多」26.1%、「很冷或低溫」12.2%、「使用有機溶劑或重金屬」10.8%。

   由上述資料可知，在職場中，職業安全與職業衛生可能會同時存在風險（如在倉庫作業可能會有人因性危害及被撞或物體飛落等風險），所以應全面且審慎的評估母性保護勞工的作業內容及作業環境是否具有導致職業災害之虞。

   職場危害評估可透過「物理性、化學性、生物性、人因性、社會心理性」五大危害，配合「人員－機械－材料－方法－環境」五大面向，以「辨識－評估－控制」之程序來完整評估職場危害，並採取應有之作為來保護勞工。

   執行的範圍或工具可參考下列各項：

   (1) 《女性勞工母性健康保護實施辦法》第 3 條所列可能影響胚胎發育、妊娠或哺乳期間之母體及嬰兒健康之工作。

   (2) 《妊娠與分娩後女性及未滿十八歲勞工禁止從事危險性或有害性工作認定標準》之附表二及附表三。

   (3) 《異常工作負荷促發疾病預防指引》（亦可參考本書相關章節之實務做法）。

   (4) 《人因性危害預防計畫指引》（亦可參考本書相關章節之實務做法）。

   (5) 《危害性化學品評估及分級管理技術指引》（或尋求外部專家協助執行全面性暴露評估）。

降低職業安全衛生風險依危害分級由高至低的管理原則為：消除、取代、工程控制（製程改善、局部排氣、整體換氣等）－行政管理（如工作或工時調整、教育訓練、健康檢查、作業環境監測等）－個人防護具的使用。在採行母性健康保護措施的邏輯也是一致的，所以當評估分級列為第三級時，工作環境的改善就是一個非常重要且基本的手段，但必須記得，改善後的再次評估也很重要。

事業單位應依各自之風險或特性，以風險評估為基礎，從而採取相對應之措施。改善不一定就是得花大錢，必要時可以尋求外部專家的協助，而且，工作環境改善實質上的受惠者不會只有受母性健康保護的勞工，原本一舉數得的事情，如果不能掌握到效益，終將是白忙一場，如此也容易使雇主對於改善工作環境的意願低落，敷衍了事，這樣就實屬可惜了。

2. 實施健康風險評估：由勞工健康服務醫護人員主責。主要工作依對象及風險分級採取以下作為：將職安人員執行附件1之風險分級結果及管理措施以公告、書面或各別告知等方式讓育齡期女性勞工瞭解；如對象為妊娠中或分娩後未滿1年之勞工，則安排該勞工與勞健服務醫師面談或透過理學檢查，並參考附件1及附件2，由勞健服務醫師評估其健康風險分級，依健康風險分級進行管理措施如提供健康指導、執行工作適性評估及危害控制建議等。

對於育齡期間女性勞工職場危害因子之評估重點，主要是以保護其生殖機能、配合妊娠階段的變化，評估母體及胎兒之健康風險、評估分娩後或哺乳中對母體健康恢復及嬰兒健康之影響。除工作性質、作業危害外，尚包含其暴露程度、暴露時間及個人之差異性等因素，可藉由問卷調查、現場觀察、個別訪談、班表、相關文件紀錄，如安全資料表（SDS）、孕婦健康手冊等多元方式進行評估。

若是評估時發現勞工健康狀況異常，需進一步評估或追蹤檢查者，應協助轉介勞工至婦產科專科醫師或其他專科醫師，並請其註明臨床診斷與應處理及注意事項。對於此轉介結果應予追蹤關懷並紀錄。在此提醒一件事，在《女性勞工母性健康保護實施辦法》第7條明訂：「前項之面談，發現勞工健康狀況異常，需進一步評估或追蹤檢查者，雇主應轉介婦產科專科醫師或其他專科醫師…」，由此可知，轉介過程是屬於雇主的責任內，所以衍生的相關費用自然是由雇主負擔的喔。

3. 人資部門則需配合提供事業單位中符合育齡期女性勞工名單（包括妊娠中或分娩後未滿1年之勞工）。我們知道《職業安全衛生法》主要都是課以雇主的責任，此處就出現了一個小小的重點，該法第30、31條即明訂：「雇主未經當事人告知妊娠或分娩事實而違反第1項或第2項規定者，得免予處罰。但雇主明知或可得

而知者，不在此限。」實務上，就曾有勞工因生理期不穩定而未發現已懷孕，或因中國傳統風俗中，有懷孕 3 個月內不可公開之迷思，故若只是從人資系統篩選請假紀錄（產檢假、產假）是可能會有所疏漏的。因為工作特性，如果勞工本身覺得有需要進行調整，有時勞工懷孕的消息反而是工作現場單位主管會比人資部門更早知道喔，所以，平時和工作現場單位主管保持一定的聯繫也是挺重要的一件事情。

4.2.3　分級管理方法

經過前述之工作場所危害評估及健康風險評估後，對於從事《女性勞工母性健康保護實施辦法》第 3 條或第 5 條第 2 項之工作者，應依下列原則區分風險等級：

1.　第一級管理：

(1)　作業場所空氣中暴露濃度低於容許暴露標準 1/10。

(2)　血中鉛濃度低於 5µg/dl 者。

(3)　經醫師評估無害母體、胎兒或嬰兒健康。

2.　第二級管理：

(1)　作業場所空氣中暴露濃度在容許暴露標準 1/10 以上未達 1/2。

(2)　血中鉛濃度在 5µg/dl 以上未達 10µg/dl。

(3)　經醫師評估可能影響母體、胎兒或嬰兒健康。

3.　第三級管理：

(1)　作業場所空氣中暴露濃度在容許暴露標準 1/2 以上。

(2)　血中鉛濃度在 10µg/dl 以上者。

(3)　經醫師評估有危害母體、胎兒或嬰兒健康。

為保護母體及胎（嬰）兒的健康，其分級實際上比一般勞工的嚴謹許多，且管理手法也不盡相同，僅就相關要求之分級原則比較於下表供讀者參考：

▼ 表3 相關法規分級比級表

分級	女性勞工母性健康保護實施辦法	危害性化學品評估及分級管理辦法_定有容許暴露標準之化學品	勞工特殊健康檢查健康管理分級建議指引_血中鉛濃度
第一級	1. 作業場所空氣中暴露濃度低於容許暴露標準 1/10 2. 血中鉛濃度低於 5μg/dl 者	暴露濃度低於容許暴露標準 1/2 者	未規定血中鉛濃度
第二級	1. 作業場所空氣中暴露濃度在容許暴露標準 1/10 以上未達 1/2 2. 血中鉛濃度在 5μg/dl 以上未達 10μg/dl	暴露濃度低於容許暴露標準但高於或等於其 1/2 者	未規定血中鉛濃度
第三級	1. 作業場所空氣中暴露濃度在容許暴露標準 1/2 以上 2. 血中鉛濃度在 10μg/dl 以上者	暴露濃度高於或等於容許暴露標準者	男性：≧ 40μg/dl 女性：≧ 30μg/dl
第四級	無此分級	無此分級	男性：≧ 40μg/dl 女性：≧ 30μg/dl

分級的目的是為了進行管理，有了以上的分級後，雇主應參考此結果據以採取母性健康保護措施。

1. 風險等級屬第一級者：

   (1) 向所有育齡期之女性勞工以書面公告或口頭告知等方式進行危害告知。

   (2) 定期進行危害辨識及風險評估。

2. 風險等級屬第二級者：

   (1) 應使從事勞工健康服務醫師提供勞工個人面談指導，並記錄於附件 2。

   (2) 定期檢點環境危害因素及勞工之暴露情況，並採取危害預防措施。

   (3) 視需求，提供適當之個人防護具並指導勞工正確使用。

3. 風險等級屬第一級或第二級管理者：

   (1) 經醫師評估可繼續從事原工作，並向當事人說明危害資訊，經當事人書面同意後，始得為之。

   (2) 如勞工有健康問題之考量，應依其意願予調整工作。

   (3) 隨著勞工孕期或工作條件變化，必要時應重新進行風險評估、適性評估及面談。

4. 風險等級屬第三級管理者：

   (1) 應立即採取工程控制措施，完成改善後應評估其有效性。

   (2) 未確實完成改善前，為保護母體或其胎（嬰）兒之健康，應即刻調整勞工之工作。

   (3) 由醫師註明其不適宜從事之作業與其他應處理及注意事項。

   (4) 依醫師適性評估建議，採取變更工作條件、調整工時、調換工作等母性健康保護措施。

▼ 表4 風險分級、健康管理分級及應採取之措施

	第一級	第二級	第三級
危害物質空氣中暴露濃度	暴露濃度 < 1/10 PEL	1/10 PEL ≦ 暴露濃度 < 1/2 PEL	暴露濃度 ≧ 1/2 PEL
血中鉛濃度	血中鉛 < 5µg/dl	5µg/dl ≦ 血中鉛 <10µg/dl	血中鉛 ≧ 10µg/dl
從事第三條或第五條第二項之工作或其他情形,經醫師評估後之勞工健康風險等級	無害母體、胎兒或嬰兒健康	可能影響母體、胎兒或嬰兒健康	有危害母體、胎兒或嬰兒健康
環境危害預防及健康管理措施	1. 向所有育齡期之女性勞工以書面公告或口頭告知等方式進行危害告知 2. 定期進行危害辨識及風險評估	1. 應使從事勞工健康服務醫師提供勞工個人面談指導 2. 定期檢點環境危害因素及勞工之暴露情況,並採取危害預防措施 3. 視需求,提供適當之個人防護具並指導勞工正確使用	1. 立即採取工程控制措施,完成改善後應評估其有效性 2. 未確實完成改善前,為保護母體或其胎(嬰)兒之健康,應即刻調整勞工之工作 3. 由醫師註明其不適宜從事之作業與其他應處理及注意事項
	1. 經醫師評估可繼續從事原工作,並向當事人說明危害資訊,經當事人書面同意後,始得為之 2. 如勞工有健康問題之考量,應依其意願予調整工作 3. 隨著勞工孕期或工作條件變化,必要時應重新進行風險評估、適性評估及面談		依醫師適性評估建議,採取變更工作條件、調整工時、調換工作等母性健康保護措施

4.2.4　適性評估原則

適性評估其實也符合配工的精神，目的是為了保護勞工，依勞工之狀況，將其安排在適合的場所、執行適合的作業。在母性健康保護計畫中執行適性評估的時機，除了是分級管理第二級以上的勞工必須執行的以外，其實在雇主得知勞工為母性健康保護對象時、保護對象的勞工認為有需要時均可進行。

要進行適性評估，必須提供完整的資訊給勞工健康服務醫師參考，包含：

1. 勞工最近一次的健康檢查報告。

2. 最近一次的作業環境監測紀錄（勞工危害暴露情況）。

3. 轉介後之臨床診斷與應處理及注意事項，並由勞工健康服務醫師依附件 3 進行評估及建議。

若雇主對勞工健康服務醫師提供的工作適性安排建議有所疑慮的話，應該進一步請職業醫學科專科醫師透過現場訪視及前述的相關資料再次綜合評估及給予建議，而不是就放著適性評估建議不管，任由受保護之對象繼續暴露於有危害之工作環境。

4.2.5　工作調整或更換

經由勞工健康服務醫師或職業醫學科專科醫師適性評估後須執行工作調整者，應安排其與勞工健康服務醫師面談，告知評估後的建議事項，聽取勞工及單位主管之意見。單位主管及人資部門於調整工作時，可參考以下順序之作法：

1. 調整工作業務量或工作時數。

2. 經風險評估後，調整為合適之暫時替代性工作。

3. 為保護該名勞工及其胎（嬰）兒之健康與安全，須暫停其工作。

執行調整工作時也應考量勞工之職能、加強溝通並尊重勞工意願，若有涉及勞動條件之變更，應依《勞動基準法》第 10 條之 1「雇主調動勞工工作，不得違反勞動契約之約定」，並應符合所謂調動工作五項原則，以免誤闖勞資爭議之雷區：

1. 基於企業經營上所必須，且不得有不當動機及目的。但法律另有規定者，從其規定。

2. 對勞工之工資及其他勞動條件，未作不利之變更。

3. 調動後工作為勞工體能及技術可勝任。

4. 調動工作地點過遠，雇主應予以必要之協助。

5. 考量勞工及其家庭之生活利益。

4.2.6 執行成效之評估及改善

前述有說明過，PDCA 的精神就是要落實持續改善，定期的成效評估之目的即在於檢視所採取之措施是否有效，及檢討執行過程中之相關缺失，以做為未來改善執行流程之參考。建議可利用參與職業安全衛生委員會議之機會進行成效報告或研議改善對策，讓勞資雙方都能夠瞭解母性健康保護之重要性並予以重視，進而可提高推動計畫時之助力。

若以心理層面來看母性健康保護，相較於職安人員較為剛性、單位主管或人資部門有資方色彩，職護的角色是屬於相對柔性的，而勞工願意接受勞工健康服務醫護人員之面談及建議，這其實是需要一定的「信任感」，在這樣的基礎上，將有利於進行溝通及關懷。所以在進行成效報告時，應確實保護到勞工的隱私，如以整合資料方式或移除個人特定資料呈現，避免違反個資法外，也不會破壞彼此的信任關係。

凡走過必留下痕跡，執行期間所執行之危害評估、控制措施、面談指導、適性評估及相關採行措施之執行情形及文件，均應予以記錄並留存至少 3 年。

4.2.7　其他有關安全衛生事項

考量母體因為孕期進展而造成生理及心理之變化，建議由職護定期關懷及追蹤勞工之健康情況，並於勞工身體狀況異常或工作環境變更時重新評估及適時調整。

對於危害評估後列為第三級之工作環境，職安人員應本於其專業，積極尋求改善對策並提供建議，且當危害因子短期無法改善或持續惡化時，對於相關人員要採行必要之行政管理作為及提供人員適當之個人防護具並指導其正確使用。

4.2.8　表單（含填寫範例）

參照《工作場所母性健康保護技術指引》，推動本計畫所需使用表單列於附件，此處擬訂一填寫範例供參考。

❖ 附件 1 母性健康作業場所危害評估及保護措施表 (填寫範例)

一、作業場所基本資料						
部門名稱	生產課		評估日期	110.05.10		
作業型態	■常日班　　□輪班　　□其他：					

二、作業場所危害概況		風險等級			
		第一級	第二級	第三級	不適用
物理性	1. 工作用階梯寬度小於 30 公分	□	□	□	■
	2. 作業場所可能有遭遇物品掉落或移動性物品造成衝擊衝撞（例如固定物無防震設計）：半成品堆疊台車上以進行搬運	□	■	□	□
	3. 暴露於有害輻射散布場所之工作（依游離輻射防護安全標準之定義）	□	□	□	■
	4. 暴露於噪音作業環境（TWA ≧ 85dB）：82 dB	□	■	□	□
	5. 暴露於高溫作業之環境（依高溫作業勞工作息時間標準之定義）	□	□	□	■
	6. 從事高溫礦物或礦渣之澆注、裝卸、搬運、清除等作業	□	□	□	■
	7. 暴露於溫度明顯變動，致有極大溫差之作業環境	□	□	□	■
	8. 從事鑿岩機、鏈鋸、鉚釘機（衝程 70 公厘以下、重量 2 公斤以下者除外）及夯土機等有顯著振動之作業	□	□	□	■
	9. 暴露於異常氣壓之工作（依異常氣壓危害預防標準之定義）	□	□	□	■
	10.從事礦場地下礦物試掘、採掘之作業	□	□	□	■
	11.從事起重機、人字臂起重桿之運轉作業	□	□	□	■
	12.從事動力捲揚機、動力運搬機及 道之運轉作業	□	□	□	■
	13.從事橡膠化合物及合成樹脂之滾輾作業	□	□	□	■
	14.其他（請說明）：	□	□	□	□

227

二、作業場所危害概況		風險等級			
		第一級	第二級	第三級	不適用
化學性	1. 暴露於依國家標準 CNS 15030 分類屬生殖毒性物質第一級之作業環境（除職安法第30條第1項第5款所列化學品外，可參閱附錄三）：（請敘明物質）	☐	☐	☐	■
	2. 暴露於依國家標準 CNS 15030 分類屬生殖細胞致突變性物質第一級之作業環境（除職安法第30條第1項第5款所列化學品外，可參閱附錄三）：（請敘明物質）	☐	☐	☐	■
	3. 暴露於鉛及其化合物散布場所之作業環境：前次作業環境監測結果 < 1/10 PEL	■	☐	☐	☐
	4. 暴露於製造或處置抗細胞分裂劑及具細胞毒性藥物之作業環境	☐	☐	☐	■
	5. 暴露於對哺乳功能有不良影響致危害嬰兒健康之作業環境：（請敘明物質）	☐	☐	☐	■
	6. 可經皮膚吸收之毒性化學物質，包括某些殺蟲劑	☐	☐	☐	■
	7. 一氧化碳或其它窒息性氣體之空間	☐	☐	☐	■
	8. 其他（請說明）：	☐	☐	☐	☐
生物性	1. 暴露於感染弓形蟲之作業環境	☐	☐	☐	■
	2. 暴露於感染德國麻疹之作業環境	☐	☐	☐	■
	3. 暴露於具有致病或致死之微生物：如 B 型肝炎、水痘、C 型肝炎、人類免疫缺乏病毒或肺結核等作業環境	☐	☐	☐	■
	4. 其他（請說明）：	☐	☐	☐	☐
人因性	1. 工作性質為處理一定重量以上之重物處理作業：KIM-PP 評估為中等負荷	☐	■	☐	☐
	2. 搬抬物件之作業姿勢具困難度，或重複不正常或不自然的姿勢	■	☐	☐	☐
	3. 工作姿勢為重複性之動作：KIM-MHO 評估為中等負荷	☐	■	☐	☐
	4. 工作姿勢會受空間不足而影響（活動或伸展空間狹小）：	■	☐	☐	☐
	5. 工作台之設計不符合人體力學，易造成肌肉骨骼不適症狀：工作台高度固定	☐	■	☐	☐
	6. 其他（請說明）：	☐	☐	☐	☐

二、作業場所危害概況		風險等級			
		第一級	第二級	第三級	不適用
社會心理性	1. 工作性質須輪班或夜間工作	☐	☐	☐	■
	2. 工作性質須經常加班或國外出差：產量大時需加班	■	☐	☐	☐
	3. 工作性質為獨自作業	☐	☐	☐	■
	4. 工作性質易受暴力攻擊	■	☐	☐	☐
	5. 異常工作負荷導致精神緊張或工作壓力，或無法調整工作時間或休假	■	☐	☐	☐
	6. 其他：	☐	☐	☐	☐
其他	1. 工作中須長時間站立，無坐具可休息	■	☐	☐	☐
	2. 工作中須長時間靜坐，無法自由起身走動：屬產線作業，無法自由走動	☐	■	☐	■
	3. 工作需頻繁變換不同姿勢，如由低位變換至高位之勢	☐	☐	☐	☐
	4. 個人防護具或工作服之穿戴影響活動	■	☐	☐	☐
	5. 如廁、進食、飲水或休憩地點便利性不足	■	☐	☐	☐
	6. 其他（請說明）：	☐	☐	☐	☐

三、作業場所風險分級

綜合評估作業場所母性健康管理等級**（如有風險較高之項目，則綜合評估時應以該風險等級為分級依據）**

☐無（非屬女性勞工母性健康保護實施辦法第 3 條至第 5 條適用範圍）

☐第一級管理：無母性健康危害

■第二級管理：可能有母性健康危害

☐第三級管理：有母性健康危害

四、改善及管理措施

☐暫不需採行母性健康保護措施（第一級）

■應採行之母性健康保護措施（第二、三級）：

　■工程控制：

　　1. 設計輸送裝置減少人力搬運，如升降台車、輸送帶或無動力滾輪

　　2. 規畫可調整高度之工作台或座椅

　■行政管理：

　　1. 適常調整休息時間（如每 50 分鐘提示鈴聲令員工可休息 10 分鐘並活動）

　　2. 半成品每箱約 8 公斤，每台車 10 箱，調整每台車箱數，避免重物搬運

　　3. 物料堆疊台車時勿超過工作台面，避免傾倒

　　4. 分析作業站別內容，規劃人員輪調機制

　☐個人防護具：＿＿＿＿＿＿＿＿＿＿＿＿＿＿＿

　■其他：產量大時適度調整人力支援

五、執行人員及日期 (僅就當次實際執行者簽名)

■職業安全衛生人員，簽名＿＿＿劉小明＿＿＿

☐勞工健康服務醫師，簽名＿＿＿＿＿＿＿＿

■勞工健康服務護理人員，簽名＿＿＿王美美＿＿＿

☐人力資源管理人員，簽名＿＿＿＿＿＿＿＿

■其他，部門名稱＿＿生產課＿＿，職稱＿＿課長＿＿，簽名＿＿張大華＿＿

執行日期：＿110＿年＿05＿月＿10＿日

註：本表由職安人員主責，並會同職護辦理。

註：1. 如作業場所無該項危害作業者請勾選「不適用」。

　　2. 危害類型主要係參照「職業安全衛生法」第 30 條及「妊娠與分娩後女性及未滿十八歲勞工禁止從事危險性或有害性工作認定標準」規定，事業單位可依各自風險或特性敘明。

　　3. 勞工健康保護規則附表一「特別危害健康作業」，需針對具母性健康危害之化學品進行危害評估及風險分級。

❖ 附件 2 妊娠或分娩後未滿一年之勞工健康情形自我評估表 (填寫範例)

一、基本資料

姓名：林小花　　　　年齡：28　　　　部門單位：生產課　　　　職務：技術員

目前班別：■常日班　　□輪班　　□其他：

■目前妊娠中：週數＿＿32＿＿週；預產期＿110＿年＿07＿月＿19＿日

□本次妊娠是否為多胞胎：■否　　□是

□分娩後（分娩日期＿＿＿＿年＿＿＿＿月＿＿＿＿日）；

□哺乳中　　□未哺乳

二、過去疾病史

□以下皆無　　□氣喘　　■高血壓　　□糖尿病　　□心血管疾病　　□蠶豆症

□腎臟或泌尿系統疾病　　□其他：＿＿＿＿＿＿＿＿＿＿＿＿＿＿＿＿

三、家族病史

□以下皆無　　□氣喘　　■高血壓　　□糖尿病　　□心血管疾病　　□蠶豆症

□腎臟或泌尿系統疾病　　□其他：＿＿＿＿＿＿＿＿＿＿＿＿＿＿＿＿

四、婦產科相關病史

1. 曾接受注射以下疫苗或已產生抗體：

　　■ B 型肝炎　　　■水痘　　　■ MMR（麻疹－腮腺炎－德國麻疹）　　　□不確定

2. 生產史：懷孕次數＿0＿次，生產次數＿0＿次，流產次數＿0＿次

3. 生產方式：自然產＿0＿次，剖腹產＿0＿次，是否有併發症：■否　　　□是

4. 過去懷孕病史：

　　■以下皆無　　□先天性子宮異常　　□子宮肌瘤　　□子宮頸手術病史

　　□曾有第 2 孕期（14 週）以上之流產　　□早產（懷孕未滿 37 週生產）

5. □其他：＿＿＿＿＿＿＿＿＿＿＿＿＿＿＿＿＿＿＿＿＿＿

五、妊娠及分娩後風險因子評估

是否有下列各種健康風險因子？

■以下皆無　　□未規律產檢　　□抽菸　　□喝酒　　□使用藥物，請說明：_____

□年齡（未滿 18 歲或大於 40 歲）　　□孕前體重未滿 45 公斤、身高未滿 150 公分

□生活環境危害（例如嚴重空氣汙染、極端氣溫等）

□個人心理狀況：■無異常　　□焦慮　　□憂鬱　　□其他：_____

□睡眠情形：■正常　　□失眠　　□需使用藥物　　□其他：_____

六、自覺症狀

□以下皆無　　□出血　　□腹痛　　□痙攣　　□其他：_____

員工簽名	林小花	填寫日期	110.05.24

註 1：本表由員工本人填寫，可參閱孕婦健康手冊。

註 2：請於填寫後交回，由職護安排勞健服務醫師面談。

註 3：員工簽名後代表同意本表資訊提供公司執行母性健康保護計畫使用。

註 4：面談時請記得攜帶孕婦健康手冊

❖ 附件 3 母性健康保護面談及工作適性建議表 (填寫範例)

一、基本資料

姓　　名	林小花	面談日期	110.05.26
部門單位	生產課	員工編號	A1091103
職務內容	組裝、搬運半成品	年　　齡	28

□ 從事鉛作業之育齡期女性勞工，屬第二級或第三級管理

■ 目前妊娠中：週數__32__週；預產期__110__年__07__月__19__日

□ 分娩後（分娩日期_____年_____月_____日）

□ 哺乳中　　□ 目前無哺乳

□ 身高__152__公分；體重__54__公斤；BMI__23.37__；血壓__135/90__mmHg

二、參考文件

■ 附件 1 母性健康作業場所危害評估及保護措施表

■ 附件 2 妊娠或分娩後未滿一年之勞工健康情形自我評估表

■ 孕婦健康手冊

■ 最近一次健康檢查報告

■ 最近一次的作業環境監測紀錄

□ 轉介外部醫療機構之診斷書

三、健康風險

1. 健康情形：

■ 大致正常　　□ 有顯著健康問題，說明：

2. 健康風險綜合評估分級：

□ 第一級管理：所從事工作或其健康問題，無害母體、胎（嬰）兒之健康

■ 第二級管理：所從事工作或其健康問題，可能影響害母體、胎（嬰）兒之健康

□ 第三級管理：所從事工作或其健康問題，會危害母體、胎（嬰）兒之健康

四、綜合評估與建議採行措施

1. 醫療建議：

□從事鉛作業之育齡期女性勞工，屬第二級或第三級管理者注意事項之指導

■衛教指導：■妊娠期間　　□產後恢復　　□哺乳期間

□轉介就醫：　　　　　　　　專科

□轉介後重新評估

■其他：高血壓病史，有穩定服藥，應每日量測血壓並紀錄

2. 工作適性建議：

□可繼續從事目前工作

■可繼續從事工作，但須考量下列條件限制：

　□變更作業場所

　□變更職務

　■縮減職務量：□縮減工作時間　　■縮減工作業務量

　■作業場所環境改善：調整工作台高度、調整每箱半成品重量及利用搬運裝置以減少搬運負荷

　■限制加班：不得超過＿＿＿10＿＿小時／天

　□出差限制：不得超過＿＿＿＿＿＿次／月

　□夜班工作之限制（輪班工作者）：不得超過＿＿＿＿＿＿次／月

□不可繼續工作

　□宜休養（請敘明休養期間）：

　□需住院觀察

□其他：

3. 追蹤建議：

■自主健康管理

■建議＿＿2＿＿個月內追蹤管理及評估

五、面談指導及工作適性安排意願

本人　林小花　已於　110　年　05　月　24　日與醫師面談，並已清楚所處作業環境對健康之影響及公司所採取之措施，本人同意本表資訊提供公司執行母性健康保護使用，並接受以下之建議：

■維持原工作　　□調整職務　　□調整工作時間　　□變更工作場所　　□其他

員工簽名：林小花

六、執行人員及日期 (僅就當次實際執行者簽名)

□勞工健康服務醫師，簽名　　　胡試

□職業醫學科專科醫師，簽名　　　　　

□勞工健康服務護理人員，簽名　　　　　

執行日期：　110　年　05　月　24　日

❖ 附件 4 母性健康保護執行成效統計表 (填寫範例)

執行日期：110 年 01 月 01 日至 110 年 12 月 20 日

執行項目	執行結果	備註（改善情形）
危害辨識及評估	1. 物理性危害＿＿3＿＿項 2. 化學性危害＿＿0＿＿項 3. 生物性危害＿＿0＿＿項 4. 人因性危害＿＿5＿＿項 5. 社會心理性危害＿＿1＿＿項 6. 其他＿＿0＿＿項 7. 風險等級二以上＿＿8＿＿項 8. 危害告知方式及日期＿＿110.05.19＿＿	1. 新購可調式工作椅已於 110.06.25 完成 2. 生產課裝置輸送滾輪於 110.08.05 完成
保護對象之評估	1. 女性員工共＿＿83＿＿人 2. 育齡期女性員工（15～49 歲）共＿＿58＿＿人 3. 妊娠中女性員工共＿＿3＿＿人 4. 分娩後未滿一年女性員工共＿＿1＿＿人 5. 哺乳中女性員工共＿＿1＿＿人	
安排醫師面談及健康指導	1. 需醫師面談者＿＿1＿＿人 　（1）已完成共＿＿1＿＿人 　（2）尚未完成共＿＿0＿＿人 2. 需觀察或追蹤檢查者共＿＿0＿＿人 3. 需進行醫療者＿＿0＿＿人 4. 需健康指導者＿＿1＿＿人 　（1）已完成共＿＿1＿＿人 　（2）尚未完成共＿＿0＿＿人 5. 需轉介者＿＿0＿＿人 6. 需定期追蹤管理者＿＿0＿＿人	

執行項目	執行結果		備註（改善情形）
適性工作安排	1. 需調整或縮短工作時間＿0＿人 2. 需變更工作者＿0＿人 3. 需給予休假共＿0＿人 4. 其他＿＿＿人		
執行成效之評估及改善	1. 定期產檢率＿100＿％ 2. 健康指導或促進達成率＿100＿％ 3. 環境改善情形：（環測法規符合性）＿100＿％ 4. 其他＿＿＿＿＿＿＿＿＿		本年度作業環境監測結果詳見報告
其他事項			
管理代表	曾你強	勞工健康服務護理人員	王美美

註：本表為本年度內之執行紀錄總表，應與其他相關執行紀錄一併保存至少 3 年。

4.3 其他資源

推動時如有相關問題，可洽詢財團法人職業災害預防及重建中心，即可獲得專業的協助喔。

4.4 實作範例

擬訂一個計畫範例，讀者可參考修訂為符合各自事業單位之內容。記住，計畫切忌華而不實，要掌握重點並適合事業單位本身特性的才是好計畫喔，祝大家業務推展順利。

職場母性健康保護計畫參考例

OOO 公司[註1] 母性健康保護計畫

制定日期： 000 年 00 月

修訂日期： 000 年 00 月

一、目的

保護育齡期女性員工與妊娠中、分娩後之員工，避免職場危害影響其生育機能、母體健康及復原、胎（嬰）兒健康及發育，保障其工作權利，積極採取危害評估與控制等措施，達到母性健康保護之目的。

二、定義

1. 母性健康保護：指對於女性勞工從事有母性健康危害之虞之工作所採取之措施，包括危害評估與控制、醫師面談指導、風險分級管理、工作適性安排及其他相關措施。

2. 母性健康保護期間（下稱保護期間）：指雇主於得知女性勞工妊娠之日起至分娩後 1 年之期間（含哺乳）。

三、權責

1. 雇主：

    提出政策，展示推動母性健康保護之決心。指定一管理代表負責統籌規劃母性健康保護計畫事宜，並負責督導管理及推動。

2. 管理代表：

    (1) 負責本計畫之規劃、督導、推動與執行，並確認計畫執行成效。

    (2) 依風險評估結果，召集檢討工作調整、更換以及作業現場改善措施之執行。

註 1　程序書中書寫事業單位抬頭常不在標題處，建議相關文件起草、撰寫者可洽詢公司內部文件管理者或文件管理單位。

3. 職業安全衛生人員（下稱職安人員）：

(1) 蒐集彙整工作資料。

(2) 工作場所環境及作業危害辨識與風險評估。

(3) 依評估結果區分風險等級，並實施分級管理，提供工作環境改善建議。

4. 勞工健康服務醫護人員（下稱勞健服務醫師、職護）：

(1) 規劃、推動與執行，並確認計畫執行成效。

(2) 蒐集彙整員工健康資料。

(3) 執行健康風險評估，依風險評估結果與員工面談，提出健康風險、健康指導、工作調整或更換等健康保護措施之適性評估與建議。

(4) 必要時協助轉介至婦產科專科醫師或其他專科醫師評估與建議，而轉介適性評估所衍生之相關費用，由公司負擔。

5. 部門主管、人資部門：

(1) 協助參與並協助本計畫推動與執行。

(2) 協助本計畫之工作危害評估。

(3) 協助工作調整、更換，以及作業現場改善措施。

6. 符合保護期間之員工：

(1) 完成母性健康保護計畫附件 2。

(2) 配合保護計畫之工作危害評估。

(3) 配合計畫之工作調整與作業現場改善措施。

(4) 保護計畫執行中如有作業變更或健康狀況變化，應告知職護，以調整保護計畫之執行。

四、執行流程

1. 危害辨識與風險評估：

   (1) 職安人員對工作場所進行之危害辨識及風險評估，應完整涵蓋物理性、化學性、人因性、生物性、社會心理性等危害。

   (2) 對風險評估結果進行分級並管理：

   - 第一級：無母性健康危害，定期進行危害辨識及風險評估。

   - 第二級：可能有母性健康危害，定期檢點環境危害因素及勞工之暴露情況並採取危害預防措施，提供適當之個人防護具並指導勞工正確使用。

   - 第三級：有母性健康危害，立即採取工程控制措施，完成改善後應評估其有效性。

   (3) 將評估結果紀錄在附件 1，提供給職護。

   (4) 職護將附件 1 之評估結果及管理措施公告，使公司內符合育齡期之女性員工知悉。

2. 勞健服務醫師面談指導：

   (1) 職護向部門主管、人資部門確認是否有符合保護期間之員工。

   (2) 請符合保護期間之員工填寫附件 2，回收後於二週內安排該員工與勞健服務醫師進行面談。

   (3) 備齊以下文件供勞健服務醫師綜合評估：

   - 附件 1。

   - 附件 2。

   - 員工最近一次的健康檢查報告。

   - 最近一次的作業環境監測紀錄（員工危害暴露情況）。

   (4) 由勞健服務醫師進行面談，依員工健康風險初步評估結果，採分級管理，提供健康指導與建議健康保護措施，面談結果紀錄於附件 3。

(5) 如於面談後，因員工健康狀況需進一步轉介至婦產科專科醫師或其他專科醫師評估者，可由職護協助安排，並提醒員工於就醫後開立診斷證明（應註明有臨床診斷與應處理及注意事項），以利做為後續適性評估之參考。

(6) 轉介所衍生之相關費用，由公司負擔。

3. 健康風險分級：

(1) 第一級管理：

- 作業場所空氣中暴露濃度低於容許暴露標準 1/10。

- 血中鉛濃度低於 5μg/dl 者。

- 經勞健服務醫師評估無害母體、胎兒或嬰兒健康。

(2) 第二級管理：

- 作業場所空氣中暴露濃度在容許暴露標準 1/10 以上未達 1/2。

- 血中鉛濃度在 5μg/dl 以上未達 10μg/dl。

- 經勞健服務醫師評估可能影響母體、胎兒或嬰兒健康。

(3) 第三級管理：

- 作業場所空氣中暴露濃度在容許暴露標準 1/2 以上。

- 血中鉛濃度在 10μg/dl 以上者。

- 經勞健服務醫師評估有危害母體、胎兒或嬰兒健康。

4. 健康風險分級管理措施：

(1) 第一級管理：
定期進行危害辨識及風險評估。

(2) 第二級管理：

- 定期檢點環境危害因素及員工之暴露情況，並採取危害預防措施。

- 視需求，提供適當之個人防護具並指導員工正確使用。

(3) 第一級或第二級管理者：

- 經勞健服務醫師評估可繼續從事原工作，並向員工說明危害資訊，員工應書面同意後，始得為之。

- 如勞工有健康問題之考量，應依其意願予調整工作。

- 隨著勞工孕期或工作條件變化，必要時應重新進行風險評估、適性評估及面談。

(4) 第三級管理：

- 作業環境應立即採取工程控制措施，完成改善後應評估其有效性。

- 未確實完成改善前。為保護母體或其胎（嬰）兒之健康。應即刻調整勞工之工作。

- 由勞健服務醫師註明其不適宜從事之作業與其他應處理及注意事項。

- 依勞健服務醫師適性評估建議，採取變更工作條件、調整工時、調換工作等母性健康保護措施。

5. 工作適性安排：

(1) 以下情況應由勞健服務醫師執行適性評估，結果紀錄於附件 3：

- 妊娠中或分娩後未滿 1 年（含哺乳）之員工依自身狀況認為需要時。

- 勞健服務醫師於綜合評估後屬健康風險三級管理者。

- 依需求轉介外部醫療評估後。

- 面談或適性評估之結果，員工應於附件 3 簽名，表示知悉及同意。

- 適性評估後如需進行工作或工時之調整，由勞健服務醫師向雇主或管理代表提出風險說明及建議，而部門主管及人資部門對於建議應給予協助及配合。

- 如果雇主或管理代表對勞健服務醫師的工作適性安排有疑慮，應指示職護備齊勞健服務醫師面談之相關紀錄，洽詢職業醫學科專科醫師至工作現場進行訪視並提供工作適性安排之建議，結果紀錄於附件 3。

(2) 若工作調整涉及勞動條件之改變，部門主管及人資部門應參考以下原則：

- 依勞動基準法之規定辦理。

- 對於工作之調整，應尊重員工意願及加強溝通，優先調整工作之業務量或工作時數，其次建議可調整為合適之暫時替代性工作。若上述皆不可行，為保護員工及其胎（嬰）兒之健康與安全，則須暫停工作。

(3) 基於母體個人健康、胎（嬰）兒之傷害風險可能會隨著不同孕期或工作條件改變、作業程序變更等而改變，若員工有主訴身體不適之狀況，或有工作條件改變、作業程序變更及經勞健服務醫師建議不適合從事原有工作者，應重新辦理評估、面談等事項。

6. 執行成效與評估：

(1) 由職護定期完成母性健康保護執行記錄表（附件4），並將相關文件及紀錄保存3年備查。

(2) 年度執行成效應於職業安全衛生委員會報告，內容以整合資料方式呈現，使用個人數據時應移除個人特定資料，以保護員工個資隱私。

五、表單

1. 附件1 母性健康作業場所危害評估及保護措施表。

2. 附件2 妊娠或分娩後未滿1年之勞工健康情形自我評估表。

3. 附件3 母性健康保護面談及工作適性建議表。

4. 附件4 母性健康保護執行成效統計表。

5. 附件5 母性健康保護危害風險分級參考表

6. 附件6 具生殖毒性、生殖細胞致突變性物質參考名單

7. 附件7 對於未滿十八歲及妊娠或分娩後未滿一年女性勞工具危害性之化學品

六、實施與修訂

本計畫呈職業安全衛生委員會委員審查後實施，修訂時亦同。

4.5　參考資料

說明 / 網址	QR
勞動部法令查詢系統 https://laws.mol.gov.tw/	
勞動部職安署「工作場所母性健康保護技術指引（第二版）」 https://reurl.cc/v7brmN	
行政院「婦女勞動政策白皮書」 https://reurl.cc/x7bdR5	
國家發展委員會「勞動統計」 https://reurl.cc/y7b2lD	
勞動環境安全衛生認知調查 -2016 年，勞動部勞動及職業安全衛生研究所 https://reurl.cc/3xAGWj	
勞動環境安全衛生認知調查 -2022 年，勞動部勞動及職業安全衛生研究所 https://reurl.cc/VLZKoZ	
林育甄，挽救女性勞參率，日本、韓國、新加坡打造性別友善職場 https://reurl.cc/Ye5Lr0	
違反勞動法令事業單位（雇主）查詢系統 https://announcement.mol.gov.tw/	
勞工健康服務中心資訊 https://reurl.cc/b9b15l	
財團法人職業災害預防及重建中心 https://reurl.cc/94Agoa	

❖ 附件 1 母性健康作業場所危害評估及保護措施表

一、作業場所基本資料						
部門名稱			評估日期			
作業型態	□常日班 □輪班 □其他：					

二、作業場所危害概況		風險等級			
		第一級	第二級	第三級	不適用
物理性	1. 工作用階梯寬度小於 30 公分	□	□	□	□
	2. 作業場所可能有遭遇物品掉落或移動性物品造成衝擊衝撞（例如固定物無防震設計）	□	□	□	□
	3. 暴露於有害輻射散布場所之工作（依游離射防護安全標準之定義）	□	□	□	□
	4. 暴露於噪音作業環境（TWA ≧ 85dB）	□	□	□	□
	5. 暴露於高溫作業之環境（依高溫作業勞工作息時間標準之定義）	□	□	□	□
	6. 從事高溫礦物或礦渣之澆注、裝卸、搬運、清除等作業	□	□	□	□
	7. 暴露於溫度明顯變動，致有極大溫差之作業環境	□	□	□	□
	8. 從事鑿岩機、鏈鋸、鉚釘機（衝程 70 公厘以下、重量 2 公斤以下者除外）及夯土機等有顯著振動之作業	□	□	□	□
	9. 暴露於異常氣壓之工作（依異常氣壓危害預防標準之定義）	□	□	□	□
	10.從事礦場地下礦物試掘、採掘之作業	□	□	□	□
	11.從事起重機、人字臂起重桿之運轉作業	□	□	□	□
	12.從事動力捲揚機、動力運搬機及道之運轉作業	□	□	□	□
	13.從事橡膠化合物及合成樹脂之滾輾作業	□	□	□	□
	14.其他（請說明）：	□	□	□	□

二、作業場所危害概況		風險等級			
		第一級	第二級	第三級	不適用
化學性	1. 暴露於依國家標準 CNS 15030 分類屬生殖毒性物質第一級之作業環境（除職安法第 30 條第 1 項第 5 款所列化學品外，可參閱附件 6）：（請敘明物質）	☐	☐	☐	☐
	2. 暴露於依國家標準 CNS 15030 分類屬生殖細胞致突變性物質第一級之作業環境（除職安法第 30 條第 1 項第 5 款所列化學品外，可參閱附件 6）：（請敘明物質）	☐	☐	☐	☐
	3. 暴露於鉛及其化合物散布場所之作業環境	☐	☐	☐	☐
	4. 暴露於製造或處置抗細胞分裂劑及具細胞毒性藥物之作業環境	☐	☐	☐	☐
	5. 暴露於對哺乳功能有不良影響致危害嬰兒健康之作業環境：（請敘明物質）	☐	☐	☐	☐
	6. 可經皮膚吸收之毒性化學物質，包括某些殺蟲劑	☐	☐	☐	☐
	7. 一氧化碳或其它窒息性氣體之空間	☐	☐	☐	☐
	8. 其他（請說明）：	☐	☐	☐	☐
生物性	1. 暴露於感染弓形蟲之作業環境	☐	☐	☐	☐
	2. 暴露於感染德國麻疹之作業環境	☐	☐	☐	☐
	3. 暴露於具有致病或致死之微生物：如 B 型肝炎、水痘、C 型肝炎、人類免疫缺乏病毒或肺結核等作業環境	☐	☐	☐	☐
	4. 其他（請說明）：	☐	☐	☐	☐
人因性	1. 工作性質為處理一定重量以上之重物處理作業	☐	☐	☐	☐
	2. 搬抬物件之作業姿勢具困難度，或重複不正常或不自然的姿勢	☐	☐	☐	☐
	3. 工作姿勢為重複性之動作	☐	☐	☐	☐
	4. 工作姿勢會受空間不足而影響（活動或伸展空間狹小）	☐	☐	☐	☐
	5. 工作台之設計不符合人體力學，易造成肌肉骨骼不適症狀	☐	☐	☐	☐
	6. 其他（請說明）：	☐	☐	☐	☐

二、作業場所危害概況		風險等級			
		第一級	第二級	第三級	不適用
社會心理性	1. 工作性質須輪班或夜間工作	☐	☐	☐	☐
	2. 工作性質須經常加班或國外出差	☐	☐	☐	☐
	3. 工作性質為獨自作業	☐	☐	☐	☐
	4. 工作性質易受暴力攻擊	☐	☐	☐	☐
	5. 異常工作負荷導致精神緊張或工作壓力，或無法調整工作時間或休假	☐	☐	☐	☐
	6. 其他：	☐	☐	☐	☐
其他	1. 工作中須長時間站立，無坐具可休息	☐	☐	☐	☐
	2. 工作中須長時間靜坐，無法自由起身走動	☐	☐	☐	☐
	3. 工作需頻繁變換不同姿勢，如由低位變換至高位之勢	☐	☐	☐	☐
	4. 個人防護具或工作服之穿戴影響活動	☐	☐	☐	☐
	5. 如廁、進食、飲水或休憩地點便利性不足	☐	☐	☐	☐
	6. 其他（請說明）：	☐	☐	☐	☐

三、作業場所風險分級

綜合評估作業場所母性健康管理等級 (如有風險較高之項目，則綜合評估時應以該風險等級為分級依據)

☐無（非屬女性勞工母性健康保護實施辦法第 3 條至第 5 條適用範圍）

☐第一級管理：無母性健康危害

☐第二級管理：可能有母性健康危害

☐第三級管理：有母性健康危害

四、改善及管理措施

☐暫不需採行母性健康保護措施（第一級）

☐應採行之母性健康保護措施（第二、三級）：

　☐工程控制：＿＿＿＿＿＿＿＿＿＿＿＿

　☐行政管理：＿＿＿＿＿＿＿＿＿＿＿＿

　☐個人防護具：＿＿＿＿＿＿＿＿＿＿＿

　☐其他：＿＿＿＿＿＿＿＿＿＿＿＿＿＿＿＿＿＿＿＿

五、執行人員及日期 (僅就當次實際執行者簽名)

☐職業安全衛生人員，簽名＿＿＿＿＿＿＿＿＿＿＿＿＿

☐勞工健康服務醫師，簽名＿＿＿＿＿＿＿＿＿＿＿＿＿

☐勞工健康服務護理人員，簽名＿＿＿＿＿＿＿＿＿＿＿

☐人力資源管理人員，簽名＿＿＿＿＿＿＿＿＿＿＿＿＿

☐其他，部門名稱＿＿＿＿＿＿＿，職稱＿＿＿＿＿＿＿，簽名＿＿＿＿＿＿＿

執行日期：＿＿＿＿＿＿＿年＿＿＿＿＿＿＿月＿＿＿＿＿＿＿日

註：本表由職安人員主責，並會同職護辦理。

註：1. 如無該項危害者請勾選「不適用」。

　　2. 危害類型主要係參照「職業安全衛生法」第 30 條及「妊娠與分娩後女性及未滿十八歲勞工禁止從事危險性或有害性工作認定標準」規定，事業單位可依各自風險或特性敘明。

　　3. 勞工健康保護規則附表一「特別危害健康作業」，需針對具母性健康危害之化學品進行危害評估及風險分級。

❖ 附件 2 妊娠或分娩後未滿 1 年之勞工健康情形自我評估表

一、基本資料

姓名：　　　　　　　年齡：　　　　　部門單位：　　　　　　　　職務：

目前班別：□常日班　　□輪班　　□其他：

□目前妊娠中：週數_____週：預產期_____年_____月_____日

□本次妊娠是否為多胞胎：□否　　□是

□分娩後（分娩日期_____年_____月_____日）

□哺乳中　　□未哺乳

二、過去疾病史

□以下皆無　　□氣喘　　□高血壓　　□糖尿病　　□心血管疾病　　□蠶豆症

□腎臟或泌尿系統疾病　　□其他：_____

三、家族病史

□以下皆無　　□氣喘　　□高血壓　　□糖尿病　　□心血管疾病　　□蠶豆症

□腎臟或泌尿系統疾病　　□其他：_____

四、婦產科相關病史

1. 曾接受注射以下疫苗或已產生抗體：

　　□B 型肝炎　　□水痘　　□MMR（麻疹－腮腺炎－德國麻疹）　　□不確定

2. 生產史：懷孕次數_____次，生產次數_____次，流產次數_____次

3. 生產方式：自然產_____次，剖腹產_____次，是否有併發症：□否　　□是

4. 過去懷孕病史：

　　□以下皆無　　□先天性子宮異常　　□子宮肌瘤　　□子宮頸手術病史

　　□曾有第 2 孕期（14 週）以上之流產　　□早產（懷孕未滿 37 週生產）

5. □其他：_____

五、妊娠及分娩後風險因子評估

是否有下列各種健康風險因子？

☐以下皆無　　☐未規律產檢　　☐抽菸　　☐喝酒　　☐使用藥物，請說明：＿＿＿＿＿

☐年齡（未滿 18 歲或大於 40 歲）　　☐孕前體重未滿 45 公斤、身高未滿 150 公分

☐生活環境危害（例如嚴重空氣汙染、極端氣溫等）

☐個人心理狀況：☐無異常　　☐焦慮　　☐憂鬱　　☐其他：＿＿＿＿＿＿＿＿＿

☐睡眠情形：☐正常　　☐失眠　　☐需使用藥物　　☐其他：＿＿＿＿＿＿＿＿＿

六、自覺症狀

☐以下皆無　　☐出血　　☐腹痛　　☐痙攣　　☐其他：＿＿＿＿＿＿＿＿＿

員工簽名		填寫日期	

註 1：本表由員工本人填寫，可參閱孕婦健康手冊。

註 2：請於填寫後交回，由職護安排勞健服務醫師面談。

註 3：員工簽名後代表同意本表資訊提供公司執行母性健康保護計畫使用。

註 4：面談時請記得攜帶孕婦健康手冊。

❖ 附件 3 母性健康保護面談及工作適性建議表

一、基本資料

姓　　名		面談日期	
部門單位		員工編號	
職務內容		年　　齡	

□從事鉛作業之育齡期女性勞工，屬第二級或第三級管理

□目前妊娠中：週數　　　　　週；預產期　　　　　年　　　　　月　　　　　日

□分娩後（分娩日期　　　　　年　　　　　月　　　　　日）

□哺乳中　　□目前無哺乳

□身高　　　　　公分；體重　　　　　公斤；BMI　　　　　；血壓　　　　　mmHg

二、參考文件

□附件 1 母性健康作業場所危害評估及保護措施表

□附件 2 妊娠或分娩後未滿一年之勞工健康情形自我評估表

□孕婦健康手冊

□最近一次健康檢查報告

□最近一次的作業環境監測紀錄

□轉介外部醫療機構之診斷書

三、健康風險

1. 健康情形：

□大致正常　　□有顯著健康問題，說明：

2. 健康風險綜合評估分級：

□第一級管理：所從事工作或其健康問題，無害母體、胎（嬰）兒之健康

□第二級管理：所從事工作或其健康問題，可能影響害母體、胎（嬰）兒之健康

□第三級管理：所從事工作或其健康問題，會危害母體、胎（嬰）兒之健康

四、綜合評估與建議採行措施

1. 醫療建議：

☐從事鉛作業之育齡期女性勞工，屬第二級或第三級管理者注意事項之指導

☐衛教指導：☐妊娠期間　　☐產後恢復　　☐哺乳期間

☐轉介就醫：　　　　　　　　　　專科

☐轉介後重新評估

☐其他：

2. 工作適性建議：

☐可繼續從事目前工作

☐可繼續從事工作，但須考量下列條件限制：

　☐變更作業場所

　☐變更職務

　☐縮減職務量：☐縮減工作時間　　☐縮減工作業務量

　☐作業場所環境改善：

　☐限制加班：不得超過　　　　　　　　小時/天

　☐出差限制：不得超過　　　　　　　次/月

　☐夜班工作之限制（輪班工作者）：不得超過　　　　　　次/月

☐不可繼續工作

　☐宜休養（請敘明休養期間）：

　☐需住院觀察

☐其他：

3. 追蹤建議：

☐自主健康管理

☐建議　　　　個月內追蹤管理及評估

五、面談指導及工作適性安排意願

本人　　　　　　已於　　　　　年　　　　　月　　　　　日與醫師面談，並已清楚所處作業環境對健康之影響及公司所採取之措施，本人同意本表資訊提供公司執行母性健康保護使用，並接受以下之建議：

☐維持原工作　　☐調整職務　　☐調整工作時間　　☐變更工作場所　　☐其他

員工簽名：

六、執行人員及日期 (僅就當次實際執行者簽名)

☐勞工健康服務醫師，簽名＿＿＿＿＿＿＿＿＿＿＿＿＿＿＿＿＿＿＿＿

☐職業醫學科專科醫師，簽名＿＿＿＿＿＿＿＿＿＿＿＿＿＿＿＿＿＿

☐勞工健康服務護理人員，簽名＿＿＿＿＿＿＿＿＿＿＿＿＿＿＿＿

執行日期：＿＿＿＿＿＿年＿＿＿＿＿＿月＿＿＿＿＿＿日

❖ 附件 4 母性健康保護執行成效統計表

執行日期：　　　　年　　　月　　　日至　　　年　　　月　　　日

執行項目	執行結果	備註（改善情形）
危害辨識及評估	1. 物理性危害＿＿＿＿＿項 2. 化學性危害＿＿＿＿＿項 3. 生物性危害＿＿＿＿＿項 4. 人因性危害＿＿＿＿＿項 5. 社會心理性危害＿＿＿＿＿項 6. 其他＿＿＿＿＿項 7. 風險等級二以上＿＿＿＿＿項 8. 危害告知方式及日期＿＿＿＿＿	
保護對象之評估	1. 女性員工共＿＿＿＿＿人 2. 育齡期女性員工（15～49 歲）共＿＿＿人 3. 妊娠中女性員工共＿＿＿＿＿人 4. 分娩後未滿一年女性員工共＿＿＿＿＿人 5. 哺乳中女性員工共＿＿＿＿＿人	
安排醫師面談及健康指導	1. 需醫師面談者＿＿＿＿＿人 　(1) 已完成共＿＿＿＿＿人 　(2) 尚未完成共＿＿＿＿＿人 2. 需觀察或追蹤檢查者共＿＿＿＿＿人 3. 需進行醫療者＿＿＿＿＿人 4. 需健康指導者＿＿＿＿＿人 　(1) 已完成共＿＿＿＿＿人 　(2) 尚未完成共＿＿＿＿＿人 5. 需轉介者＿＿＿＿＿人 6. 需定期追蹤管理者＿＿＿＿＿人	

執行項目	執行結果		備註（改善情形）
適性工作安排	1. 需調整或縮短工作時間＿＿＿＿人 2. 需變更工作者＿＿＿＿＿＿＿人 3. 需給予休假共＿＿＿＿＿＿＿人 4. 其他＿＿＿＿＿＿＿＿＿＿＿人		
執行成效之評估及改善	1. 定期產檢率＿＿＿＿＿＿＿＿％ 2. 健康指導或促進達成率＿＿＿＿％ 3. 環境改善情形：（環測法規符合性） ＿＿＿＿＿＿＿＿＿＿＿＿＿＿％ 4. 其他＿＿＿＿＿＿＿＿＿＿＿＿		
其他事項			
管理代表		勞工健康服務 護理人員	

註：本表為本年度內之執行紀錄總表，應與其他相關執行紀錄一併保存至少 3 年。

❖ 附件 5 母性健康保護危害風險分級參考表

物理性危害			
危害項目	第一級管理	第二級管理	第三級管理
噪音	TWA < 80 分貝	TWA 80～84 分貝	TWA ≧ 85 分貝
游離輻射	雇主對妊娠輻射工作人員，應即檢討其工作條件，使其胚胎或胎兒接受與一般人相同之劑量限度，其限度依「游離輻射防護安全標準」之規定		
異常氣壓作業	—	—	暴露於高壓室內或潛水作業

化學性危害			
危害項目	第一級管理	第二級管理	第三級管理
鉛作業	血中鉛濃度低於 5μg/dl 者	血中鉛濃度在 5μg/dl 以上未達 10μg/dl	血中鉛濃度在 10μg/dl 以上者或空氣中鉛及其化合物濃度超過 0.025mg/m³
	—	暴露於屬生殖毒性物質、生殖細胞致突變性物質，或其他對哺乳功能有不良影響之化學品	暴露於屬生殖毒性物質第一級、生殖細胞致突變性物質第一級之化學品
危害性化學品	作業場所空氣中暴露濃度低於容許暴露標準十分之一	作業場所空氣中暴露濃度在容許暴露標準十分之一以上未達二分之一	作業場所空氣中暴露濃度在容許暴露標準二分之一以上
針對無容許暴露濃度標準之母性健康危害化學品，亦可運用 CCB 或其他具同等科學基礎之評估及管理方法，評估暴露危害風險			

有害物	濃度 規定值	
	ppm	mg/m3
二硫化碳	5	15.5
三氯乙烯	25	134.5
環氧乙烷	0.5	0.9
丙烯醯胺		0.015
次乙亞胺	0.25	0.44
砷及其無機化合物（以砷計）		0.005
汞及其無機化合物（以汞計）		0.025

註：經採取母性健康保護措施，可改列第二級

處理危害性化學品，其工作場所空氣中危害性化學品濃度，超過表定濃度規定值者 —

生物性危害

危害項目	第一級管理	第二級管理	第三級管理
生物病原體	—	1. 暴露於德國麻疹、B型肝炎或水痘感染之作業，但已具免疫力。 2. 暴露於B型肝炎、C型肝炎之作業，缺乏病毒感染風險或體液風險感染感染之工作。 3. 暴露於肺結核感染之作業，經醫師評估可能影響母體、胎兒或嬰兒健康者。	1. 暴露於弓形蟲感染之作業。 2. 暴露於德國麻疹感染之作業，且無免疫力者。 3. 暴露於B型肝炎、C型肝炎或人類免疫缺乏病毒感染之作業，且從事會有血液或體液風險感染之工作。 4. 暴露於水痘感染之作業，且無免疫力者。 5. 暴露於肺結核感染之作業，經醫師評估有危害母體、胎兒或嬰兒健康者。

		人因性危害	
危害項目	第一級管理	第二級管理	第三級管理
以人工提舉、放、推、拉、搬運或移動重物	—	以人工提舉、放、推、拉、搬運或移動重物，運用風險評估工具（如KIM）為中等負載，或經醫師評估可能影響母體、胎兒或嬰兒健康者	以人工提舉、放、推、拉、搬運或移動重物，運用風險評估工具（如KIM）為中高負載或高負載，或經醫師評估有危害母體、胎兒或嬰兒健康者
一定重量以上重物處理工作	—	—	

規定值（公斤）

重量 作業別	妊娠中	分娩未滿6個月者	分娩滿6個月但未滿1年者
斷續性作業	10	15	30
持續性作業	6	10	20

註：經採取母性健康保護措施，可改列第二級

危害項目	其他		
	第一級管理	第二級管理	第三級管理
職業安全衛生法第 30 條第 1 項第 5 款至第 14 款或第 2 項第 3 款至第 5 款之危險性或有害性工作	—		從事「妊娠與分娩後女性及未滿十八歲勞工禁止從事危險性或有害性工作認定標準」之附表二或附表三所列項目，經採取母性健康保護措施者，可改列第二級。

※ 僅列舉部分危害項目提供區分風險等級建議參考，實務上仍應依個案之實際評估結果為主。

❖ 附件 6 具生殖毒性、生殖細胞致突變性物質參考名單

項次	CAS.NO	中文名稱	英文名稱	建議 GHS 分類
1	109-86-4	乙二醇甲醚	2-methoxyethanol	生殖毒性物質第 1 級
2	110-80-5	乙二醇乙醚	2-ethoxyethanol	生殖毒性物質第 1 級
3	68-12-2	二甲基甲醯胺	N,N-dimethylformamide	生殖毒性物質第 1 級
4	111-15-9	乙二醇乙醚醋酸酯	2-ethoxyethyl acetate	生殖毒性物質第 1 級
5	7718-54-9	氯化鎳（Ⅱ）	nickel dichloride	生殖毒性物質第 1 級、生殖細胞致突變性物質第 2 級
6	110-71-4	乙二醇二甲醚	1,2-dimethoxyethane	生殖毒性物質第 1 級
7	2451-62-9	三聚異氰酸三縮水甘油酯	1,3,5-tris(oxiranylmethyl)-1,3,5-triazine-2,4,6(1H,3H,5H)-trione	生殖細胞致突變性物質第 1 級
8	75-26-3	2- 溴丙烷	2-bromopropane	生殖毒性物質第 1 級
9	123-39-7	N- 甲基甲醯胺	N-methylformamide	生殖毒性物質第 1 級
10	96-45-7	伸乙硫脲	2-Imidazolidinethione	生殖毒性物質第 1 級
11	96-24-2	3- 氯 -1,2- 丙二醇	3-chloropropane-1,2-diol	生殖毒性物質第 1 級
12	77-58-7	二月桂酸二丁錫	dibutyltin dilaurate	生殖毒性物質第 1 級、生殖細胞致突變性物質第 2 級
13	756-79-6	甲基膦酸二甲酯	dimethyl methylphosphonate	生殖毒性物質第 1 級、生殖細胞致突變性物質第 2 級

項次	CAS.NO	中文名稱	英文名稱	建議 GHS 分類
14	924-42-5	N-（羥甲基）丙烯醯胺	N-(hydroxymethyl)acrylamide	生殖細胞致突變性物質第 1 級、生殖毒性物質第 2 級
15	106-99-0	1,3- 丁二烯	1,3-Butadiene	生殖細胞致突變性物質第 1 級
16	10043-35-3	硼酸	boric acid	生殖毒性物質第 1 級
17	85-68-7	鄰苯二甲酸丁苄酯	benzyl butyl phthalate	生殖毒性物質第 1 級
18	115-96-8	磷酸三（2- 氯乙基）酯	tris(2-chloroethyl) phosphate	生殖細胞致突變性物質第 1 級、生殖毒性物質第 2 級
19	625-45-6	甲氧基乙酸	methoxyacetic acid	生殖毒性物質第 1 級
20	64-67-5	硫酸乙酯	diethyl sulfate	生殖細胞致突變性物質第 1 級
21	75-56-9	1,2- 環氧丙烷	methyloxirane	生殖細胞致突變性物質第 1 級
22	106-94-5	1- 溴丙烷	1-bromopropane	生殖毒性物質第 1 級
23	872-50-4	N- 甲基吡咯啶酮	1-methyl-2-pyrrolidone	生殖毒性物質第 1 級
24	127-19-5	二甲基乙醯胺	N,N-dimethylacetamide	生殖毒性物質第 1 級
25	75-21-8	環氧乙烷	ethylene oxide	生殖細胞致突變性物質第 1 級、生殖毒性物質第 1 級
26	117-81-7	鄰苯二甲酸二（2- 乙基己基）酯	Di(2-ethylhexyl)phthalate	生殖毒性物質第 1 級

項次	CAS.NO	中文名稱	英文名稱	建議 GHS 分類
27	1333-82-0	三氧化鉻	chromium trioxide	生殖細胞致突變性物質第 1 級、生殖毒性物質第 2 級
28	1330-43-4	四硼酸鈉	disodium tetraborate, anhydrous	生殖毒性物質第 1 級
29	1303-86-2	三氧化二硼	diboron trioxide	生殖毒性物質第 1 級

註：本表列舉之物質與其危害分類，僅就職安署現有資訊篩選提供事業單位參考，尚未涵蓋全部員有生殖毒性、生殖細胞致突變性之物質，事業單位於評估危害時，得參考供應商或製造商所提供安全資料表（SDS）之分類結果，或下列網站之資訊：

- 職安署的 GHS 網站：https://ghs.osha.gov.tw/CHT/masterpage/index_CHT.aspx
- 環境部的毒性及關注化學物質查詢網站：https://toxicdms.epa.gov.tw/Chm
- 日本的 GHS 網站：https://www.nite.go.jp/chem/english/ghs/ghs_index.html
- 德國的 GESTIS：https://www.dguv.de/ifa/gestis/gestis-stoffdatenbank/index-2.jsp

❖ 附件 7 對於未滿十八歲及妊娠或分娩後未滿一年女性勞工具危害性之化學品名單

化學品名稱
1. 黃磷
2. 氯氣
3. 氰化氫
4. 苯胺
5. 鉛及其無機化合物
6. 六價鉻化合物
7. 汞及其無機化合物
8. 砷及其無機化合物
9. 二硫化碳
10. 三氯乙烯
11. 環氧乙烷
12. 丙烯醯胺
13. 次乙亞胺
14. 有 1 至 13 列舉物占其重量超過百分之一之混合物
15. 其他經中央主管機關指定公告者

職業安全衛生管理｜勞工健康保護
四大計畫製作實務

作　　者：蕭中剛 / 吳佳穎 / 薛竹惠 / 林佩洵
企劃編輯：郭季柔
文字編輯：詹祐甯
設計裝幀：張寶莉
發 行 人：廖文良

發 行 所：碁峰資訊股份有限公司
地　　址：台北市南港區三重路 66 號 7 樓之 6
電　　話：(02)2788-2408
傳　　真：(02)8192-4433
網　　站：www.gotop.com.tw
書　　號：ACR011900
版　　次：2024 年 02 月初版
建議售價：NT$450

國家圖書館出版品預行編目資料

職業安全衛生管理：勞工健康保護四大計畫製作實務 / 蕭中剛,
　吳佳穎, 薛竹惠, 林佩洵著. -- 初版. -- 臺北市：碁峰資訊,
　2024.02
　　面；　公分
　　ISBN 978-626-324-714-7(平裝)
　　1.CST：工業安全　2.CST：職業衛生　3.CST：勞工衛生
555.56　　　　　　　　　　　　　　　　　112021144